KB273172

문화장터를 여는
청년 기획자들

자기 길을 찾은 청년들의 성장 이야기

문화장터를 여는 청년 기획자들

초판 1쇄 발행 2015년 11월 5일
초판 2쇄 발행 2016년 12월 10일

지은이 | 원철
그린이 | 김영민
펴낸이 | 김태화
펴낸곳 | 파라북스
기획편집 | 전지영
마케팅 | 박경만

등록번호 | 제 313-2004-000003호
등록일자 | 2004년 1월 7일
주소 | 서울특별시 마포구 월드컵북로 6길 93 (연남동) 301호
전화 | 02) 322-5353   팩스 | 02) 334-0748

ISBN 978-89-93212-73-0 (13320)

Copyright © 원철

*값은 표지 뒷면에 있습니다.

문화장터를 여는 청년 기획자들

원철 지음

장터를 성공시킨
청년들의 성장 이야기

수년 전, 서울 영등포 지역에 문화장터를 기획한 적이 있다. 사람들의 왕래가 드문 곳에서 열렸지만 장터에는 100여 명의 장사꾼들이 다양한 콘텐츠를 가지고 참여했고, 한 달에 한 번 장터가 열리는 날은 지역주민들이 모여 떠들썩하게 놀고 가는 마을 축제의 날이 되었다. 개인적으로 영등포 문화장터의 경험은 문화기획자라는 정체성을 갖게 해주었다. 그 일을 하면서 많은 사람들을 만났고, 그 과정에서 겪은 여러 일들은 하나의 프로젝트를 온전히 책임질 수 있다는 자신감을 심어주었다.

그리고 몇 년이 지났다. 영등포 문화장터가 처음 열릴 때만 해도 문화장터라는 개념은 낯선 것이었지만, 시간이 지나면서 여러 지역에 개성 있는 장터들이 열리기 시작해, 지금은 곳곳에서 지역주민들에게 홍겨운 놀이판을 제공하고 있다. 그리고 그 장터들을 만들어가는 이들 중 상당수는 청년 문화기획자로 활동하면서 나름의 성장 이야기를 그려가고 있다.

지금의 청년 세대에게 '성장'이라는 단어는 다소 예민하게 느껴진다. 많은 기업은 이미 성장을 마친 사람을 직원으로 뽑기를 원하고, 대기업의 경우 경력 3년차 직원까지 신입사원으로 취급한다. 이러한 현실은 진로를 구상하는 수많은 취업준비생들을 좌절케 한다. 과거 '정상적'이라고 생각했던 직업군을 얻기 위해 치러야 하는 비용은 점점 높아지고, 청년들은 끊임없이 성장에 목말라 한다. 게다가 궁지에 몰린 청년들의 절박함을 이용해 무보수 노동을 요구하는 이들도 등장했다. 성장을 담보로 노동력을 제공하라며 청년들을 유혹하는, 이른바 '열정노동'의 문제다.

그러나 열정노동을 한다고 해서 제대로 성장할 수 있을까? 혹은 일을 잘 하게 된다고 해서 정규직이 될 수 있을까? 사회 양극화가 점점 더 심해지는 요즘의 대한민국에서 제자리를 잘 잡고 행복한 삶을 영위할 수 있을까? 청년의 성장 문제를 이야기한다는 것은 이런 복잡하고 어려운 문제와 마주하는 것이기도 하다.

그럼에도 우리는 이 위기를 극복해야 하고, 그러기 위해 지혜를 모아야 한다. 문화장터를 통해 자신의 길을 찾아가는 많은 청년들의 활동에 주목하는 이유는, 이들이 스스로 필요한 지혜를 만들며 제대로 성장하고 있기 때문이다. 그래서 '성장'이라는 단어가 가진 아픈 사회적 배경에도 불구하고 제대로 성장하는 사례를 기록하고 공유하려고 한다.

　이 책에는 창조적이고 재미있고 흥겨운 문화장터와 그 장터를 만든 청년 기획자들의 성장 이야기가 담겨 있다. 장터를 만든 배경과 과정, 그 속에서 터득한 노하우, 예기치 못한 어려움, 그리고 그들이 찾은 전망에 대해 그들에게 직접 들었다.

　이 책은 '장터'의 성공 이야기가 아니라, 장터를 만들고 성공시키고 있는 '청년'들의 성장 이야기이다. 각각의 장터기획자들은 저마다 다른 배경과 노하우로 문화장터를 성공시키고 이후의 진로를 그려 나가고 있었다. 이 책의 초고를 읽은 한 지인은, 이 책이 '내밀한 자기계발서' 같다고 평해주었다. 그 평가에 감사하며, 불안한 사회 속에서 꿋꿋이 나침반을 만들고 있는 많은 이들에게 참고할 만한 정보가 되길 바라는 마음으로 이 책을 연다.

차 례

02 / 청년 기획자들에게 듣는 성장 이야기

문화장터와 청년들의 성장

1. 문화장터란 무엇인가?

　문화장터라는 말에서 이야기를 시작하자. 장터라고 하면 정감어린 추억이나 예스러운 풍경을 떠올리는 사람들이 많을 것이다. 그리고 장터에는 자연스럽게 시골이라는 말이 따라 붙는다. 하지만 도시에도 장터가 열린다. 매일 사람들이 북적거리는 다양한 재래시장들이 도심 곳곳에 있고, 특히 아파트에서 주로 부녀회를 중심으로 단지 내 공터에서 장터가 열린다. 이런 장터들은 소비자에게 인접한 곳에서 장사를 목적으로 열리므로, 저녁 찬거리에 필요한 생선이나 채소를 팔고 간식거리가 나오기도 한다. 또 백화점 등의 유통기업에서 재고를 털어내려는 할인 행사가 '나눔'으로 포장되어 '바자회'라는 이름으로 열리기도 하고, 중고 물품을 사고파는 벼룩시장이 열리기도 한다. 하지만 도시에서 열리는 이런 장터는 대부분 문화적인 가치보다는 단순히 경제적인 목적을 띠는 행위의 장으로 볼 수 있다.

　외국의 경우는 이미 오래 전부터 문화적 활동과 결합한 장터의 사례가 있었다. 지금까지도 세계적인 관광명물로 자리 잡은 거리 마켓Street Market, 커뮤니티 마켓Community Market, 파머스 마켓Farmer's Market, 공공마켓Public Market

"

등 다양한 형태의 장터들이 바로 그런 예다. 장터의 경제적 목적을 넘어 사회·문화적인 의미가 다양하게 확산된 것이다.

우리나라에서도 이러한 개념의 익숙한 장터가 있기는 하다. 영어 표현 그대로 벼룩시장Flea Market이라고도 부르는 중고물품 시장이다. 1990년부터 발행된 유명한 생활정보지가 같은 이름으로 발행되어서인지 몰라도, 이 용어는 일상적으로 사용된다. 왜 '벼룩'인지도 모른 채, 중고품을 파는 노천시장을 벼룩시장이라고 부르는 데 익숙하다. 자신이 쓰던 물건을 팔고 필요한 물건을 저렴하게 구입하고 싶은 자연스러운 욕구가 시공간의 한계로 만들어낸 시장이다. 하지만 이제 이런 한계를 뛰어넘는 인터넷이 매개가 되어 대부분의 중고거래가 온라인에서 진행되고 있으며, 그에 따라 장터에서 중고물품을 사고파는 목적은 점점 퇴색되어간다.

우리나라에서 장터에 문화적 활동을 결합시킨 가장 선구적인 사례는 2002년에 시작한 홍대 희망시장이다. 희망시장은 수작업의 가치를 사회적으로 환기시키며, 홍대 예술가들에게 대안적 유통경로를 만들고자 시작되었다. 이후 홍대 프리마켓Free Market 등으로 분화되었고, 장터에 다양한 문화 콘텐츠를 결합시키면서 오늘날 많은 문화장터들의 원형이 되었다. 홍대 희망시장은 이후 우리나라 문화예술의 중심 지역으로 성장한 홍대라는 특수한 공간을 기반으로 다양한 활동을 전개해 나갔다. 지역 예술가들의 커뮤니티를 형성하는가 하면, 젊은 작가들에게는 대안적 유통의 장이 되기도 했다. 한편으로는 다양한 공연 예술가들이 참여하면서 문화예술의 '대안'적인 성격을 가지기도 했다. 결국 홍대 앞 예술장터가 도시형 문화장터의 원형을 제공한 셈이다.

홍대 희망시장에서 시작된 문화장터는 상행위를 하나의 문화 콘텐츠로 해석하고 이를 통해 축제적 분위기를 만들어냈다. 이러한 점에서 문화장터는 기존의 어떠한 문화기획 형태에도 속하지 않는 새로운 문화 장르를 개척했다고 볼 수 있다.

물건을 사고파는 행위에는 흥이 있다. 물건 값을 깎으려는 소비자와 손해를 보지 않으려는 상인들이 주고받는 대화에도 흥이 있고, 다양한 물건들을 구경하는 것 또한 즐거운 일이다. 홍대 희망시장은 나아가 예술가들이 만든 '수공예' 작품이라는 특별한 상품을 통해 소비자를 관객으로 예술가를 상인으로 만들어 상행위와 문화 콘텐츠의 경계를 흐릿하게 만든다. 그리고 그 사이에서 펼쳐지는 음악과 다양한 예술 퍼포먼스들은 장터를 찾는 이들을 더욱 흥겹게 한다. 또한 예술가들이 만든 아기자기한 수공예 작품들은 그 자체로 전시효과를 만들어, 물건이 펼쳐진 장터가 전시장과 같은 문화체험의 계기가 된다.

홍대 희망시장은 인근 거주 예술가들의 열광적인 호응과 함께 10여 년간 꾸준히 성장해왔다. 현재 희망시장에는 1,000명이 넘는 수공예 작가가 등록되어 있고, 이들은 근래 형성되고 있는 다양한 문화장터를 오가며 활동한다. 최근 문화장터 열풍의 근간에는 홍대 희망시장을 중심으로 형성된 수공예 작가들이 있다고 해도 과언이 아니다.

홍대 희망시장은 작가 구성뿐 아니라 각종 문화장터의 프로그램 구성에도 큰 영향을 주었다. 현재 많은 문화장터에서 시도하는 다양한 프로그램, 즉 수공예 작가의 작품 판매, 독특한 콘텐츠의 벼룩시장, 문화예술 워크숍 및 퍼포먼스 등은 홍대 희망시장에서 이미 시도된 것들이다.

10여 년 전에 생긴 홍대 희망시장은 문화장터의 원형이 되긴 했지만, 그 주된 활동영역은 홍대 인근에 국한되었고 다른 지역으로 확산되기는 어려웠다. 홍대라는 지역이 보유한 많은 유동인구와 다양한 예술가 커뮤니티는, 희망시장과 같은 콘텐츠가 지속되기에 유리한 환경이 되었다. 이에 반해 다른 지역에서는 일회성 문화장터가 열릴 뿐, 지속적으로 열리는 장터가 정착하는 데에는 한계가 있었다.

홍대 이외 지역에서 지속성을 가진 문화장터의 가능성이 시도된 것은 비교적 최근이다. 도심형 문화장터에 대한 연구를 살펴보면, 특정 장터가 수년째 지속적으로 열리며 자리를 잡아가는 경우는 2011년 이후로 나타난다. 이들 장터기획의 사례를 자세히 살펴보면 기존과 다른 몇 가지 특징이 발견된다.

첫 번째는 자치단체에서 주민을 위한 문화 활성화 방안으로 문화장터를 활용하는 경우이다. 대표적인 예는 영등포 달시장이다. 소모성이 짙은 축제 기획을 반복하던 지자체 입장에서도, 장터를 통해 지역주민에게 문화 서비스를 제공하고 커뮤니티를 활성화하는 시도는 매력적이었다. 이 같은 경향은 박원순 서울시장이 당선된 이후, 마을 공동체 사업이 활성화되면서 본격화되었다. 그리고 그 결과 지역 자치단체와 협력하여 발전하는 문화장터가 재정적으로 활성화되기 시작했고, 이렇게 만들어진 장터 가운데 영등포 달시장과 같이 유동인구가 없는 곳에서도 성공한 사례가 생겨났다.

두 번째는 SNS를 통해 장터 홍보가 가능해지면서 유동인구가 적은 지역에서 전략적으로 장터를 만들게 되었다는 점이다. 이태원 우사단 마을의 계단장이나, 일정한 장소에 매이지 않고 열리는 도떼기 마켓 같은 경우가 대표적이라 할 수 있다. 특히 매회 장소를 옮겨가며 열리는 도떼기 마켓의 경우, SNS에 의존한 홍보만 하고 있음에도 사람들의 참여가 열정적이었다. 이는 유동인구와 무관하게 콘텐츠의 개성만으로도 문화장터가 만들어지고, 그렇게 만들어진 장터가 사람들을 모을 수 있다는 사실을 입증한다.

세 번째는, 장터의 테마가 다양해졌다는 점이다. 수공예 작가의 작품을 중심으로 콘텐츠가 구성된 홍대 희망시장과는 달리, 최근 생겨난 장터들은 술, 장난감, 과자, 도시농업 농산물 등 다양한 테마로 구성된다. 또한 수공예 작가라 하더라도, 테마에 따라서 다양한 방식의 장터 구성이 가능하다. 예를 들어, 이주노동자를 위한 장터라면 다양한 나라의 수공예품을 중심으로 상품을 구성하거나, 추석 등 명절에 열리는 장터라면 우리나라 전통을 콘셉트로 판매자와 상품을 구성할 수 있다.

결국 지금의 문화장터 열풍은, 홍대 희망시장에서 개발된 문화장터 프로그램, 지역문화 활성화를 추구하는 지역자치단체, 지역에서 자생 방식을 골몰하는 청년 문화기획자라는 조건들이 결합하면서 이루어졌다고 하겠다.

2. 청년 문화기획자와 장터의 성공

　청년 기획자들은 문화장터에 크게 2가지 방식으로 유입되었다. 하나는 박원순 서울시장의 당선 이후 확장된 사회적 경제 및 마을 공동체 사업의 지원과 더불어 지역활동가들이 지역의 새로운 활동주체로 청년 기획자들을 호출한 것이다. 박원순의 서울시정은 다양한 형태로 지역 공동체를 지원했는데, 그 중에 문화장터 기획도 포함되었다. 시정과 함께 호흡을 맞추어 홍대 희망시장, 영등포 달시장, 헬로 문래, 대학로의 마르쉐 등 현재 서울시에서 열리는 다양한 도시형 문화장터의 기획자들이 2012년 '서울시민시장협의회'라는 이름의 협의체를 만들었다. '서시시'라 불리는 이 단체는 지역과 장터의 협력과 교류를 꾀하며 꾸준히 성장하고 있다.

　서시시의 등장은 문화장터가 지역공동체 사업의 중요한 방법론 중 하나로 주목받고 있다는 것을 증명하는 사건이었다. 우리가 소위 거버넌스라 부르는 민관 협의체는 주로 지역활동가를 중심으로 이루어졌는데, 기존의 풀뿌리 지역활동은 지역주민의 자발적 참여를 이끌어낼 콘텐츠 발굴에 목말라 있었다. 마을장터는 활동기반을 찾는 문화기획자와 콘텐츠를 찾는 지역활동가의 이해를 동시에 충족시켰다. 하지만 이미 숙련된 문화기획자들에게 마을장터는 전력을 다하기에는 규모가 작은 행사였으며, 이를 기반으로 확보되는 인건비 또한 최저임금을 조금 웃도는 수준으로 넉넉하지 않은 편이었다. 반면 지역활동가들에게 있어 문화장터는 다소 낯선 콘텐츠였기 때문에 자체적으로 장터를 기획하고 운영할 역량이 부재했다. 이 사이의 점점에서 청년 기획자들이 호출되었다. 이때 청년 장터기획자들은 완성된 문화기획자라기보다는 배움의 과정이 필요한 상태였다. 이에 지역 공동체 사업과 연계된 청년 문화기획자들의 성장은 그 배후에 있는 문화기획자 교육 프로그램이나 인큐베이팅 프로그램과 병행되어 이루어졌다. 이렇게 만들어진 문화장터가 영등포 달시장, 구로 별별시장, 청년몰 등이다. 각 장터는 맥락에서 다소의 차이는 있으나, 장터를 통한 지역 청년활동가 양성과 문화기획자 교육 프로그램을 병행했다는 점에서 공통점이 있다.

청년 장터기획자가 유입된 두 번째 경로는 자발적 참여이다. 다양한 문화장터의 성공사례는 포럼과 교류 프로그램을 통해 여러 지역으로 확산되었고, 그와 더불어 기획 방법에 대한 노하우도 쉽게 전수되었다. 이 과정에서 청년 문화장터 기획자들이 다수 등장하였는데, 이들 중 일부는 정부나 지자체의 목적 사업과 관계없이 동료들과 의기투합하여 자발적으로 장터를 기획했고 성공사례를 만들었다. 이태원의 계단장이나 중고의류를 콘텐츠로 삼는 도떼기마켓 같은 경우가 대표적인 예이다.

지원금 없이도 문화장터를 만들 수 있는 이유는 장터기획이 큰 비용을 필요로 하지 않기 때문이다. 지원금을 받는 장터는 공연이나 워크숍

등 제법 비용이 소요되는 프로그램을 애초부터 기획해서 운영한다. 하지만 이 같은 프로그램이 없어도 '테마'만으로도 훌륭한 콘텐츠를 확보할 수 있다. 청년 장터기획자들은 자신이 흥미 있는 다양한 테마를 장터로 구현하였는데, 그 중 감각적인 테마들은 SNS상에서 큰 호응을 얻고 실제 장터도 성공했다. 테마의 범위는 장난감, 과자, 예술작품, 심지어는 술이나 성인물에 이르기까지 다양했다. 문화장터의 가장 핵심적인 콘텐츠는 장터에서 판매되는 제품이라는 사실을 기민하게 깨우치고 있었던 것이다.

이 같은 청년 기획자들의 등장은 문화장터 콘텐츠의 다양화에 기여했다. 문화장터 붐이 일어나기 시작한 2011년 이후, 다양한 지역에서 문화장터가 시도되었는데 그 콘텐츠는 대동소이했다. 비슷한 장터들이 너무 많이 열리자, 문화장터 기획자들 사이에는 장터 콘텐츠 자체가 식상해져 대중들에게 외면받을 수 있다는 위기감이 번졌다. 이 위기감은 청년 기획자들이 시도한 다양한 테마의 장터에 의해 극복된 것으로 보인다. 문화장터의 확산을 청년 기획자들이 이끌었다는 말은 과언이 아니다.

이렇게 분류한 두 가지 양상의 장터기획자들은 문화장터라는 흡사한 장터를 만들고 있지만, 장터의 기획방식이나 이후 발전방향에서 적지 않은 차이를 보인다. 지역활동 방법으로써 마을장터를 만들고 이를 통해 민관협력 사업의 주체로 성장한 청년 기획자들의 경우, 행정과 소통, 지역 정책사업과 연계 등 문화기획을 바탕으로 마을사업을 수행하는 형태의 경력이행 과정을 그려낸다. 이들 중 일부는 문화장터를 주요사업으로 지역활동을 지속해 나가는 경우도 있지만, 일부는 이를 통해 형성된 역량과 네트워크를 바탕으로 새로운 형태의 지역사업으로 경로를 이행하는 사례도 적지 않다. 반면 지원금에서 자유로운 자발적 경로로 문화장터를 만든 기획자들의 경우, 문화장터의 성공경험을 다른 영리사업으로 이끌고자 하는 경향을 보인다. 이들은 편집매장의 개발, 골목상권 기획, 애플리케이션 사업 등 다양한 형태의 사업 아이템을 발굴하여 추진하는 벤처 사업가의 형태로 전환하는 모습을 보인다.

지금까지는 다양한 문화장터가 시도되면서 성공사례가 만들어지는 과정이었다면, 앞으로는 이렇게 성공한 문화장터와 기획자들이 문화장터를 진화시켜 나가는 시기가 될 것으로 보인다. 민관협력으로 개최되는 문화장터의 경우 안정적인 재정적 기반을 확보할 수 있지만 행정의 개입으로 인해 발생하는 경직성을 갖고 있고, 자발적으로 만들어진 문화장터의 경우 트렌드를 기민하게 반영한 재미있는 장터를 추구할 수 있지만 자체 수익모델의 부재로 장기적인 지속이 어렵다. 지금 각각의 장터와 장터기획자들은 서로의 노하우를 공유하며, 각자의 위치에서 가진 약점과 한계를 극복하고 문화장터 기획의 다음 단계로 진화해 나가고 있다.

3. 청년 기획자들의 성장

　문화장터의 사례를 수집하면서 우리가 집중한 것은, 청년 기획자들이 그려 나가고 있는 나름의 성장 이야기였다. 앞서 언급하였듯, 문화장터를 주도한 청년 기획자들은 애초부터 완성된 문화기획자는 아니었다. 일부는 청년활동가 양성을 목적으로 하는 다양한 교육 및 인큐베이팅 기관의 조력 아래 문화장터를 기획하였고, 또 일부는 다양한 경로로 습득한 문화기획 역량 및 장터기획의 노하우를 활용해 문화장터를 자발적으로 시도하였다. 이들 중 애초에 숙련된 문화장터 기획자를 찾기는 어려웠다. 즉, 문화장터 기획은 이들에게 다양한 방식의 배움과 역량을 성숙시키는 계기로 작동했다.

　문화장터 기획자들과 인터뷰하면서 이들이 다양한 방식으로 성장 이야기를 그려 나가는 것을 확인할 수 있었다. 하지만 그 성장의 과정을 일목요연하고 구체적으로 정리하는 것은 쉽지 않은 과정이었다. 장터기획과 관련된 다양한 관계자 및 문화연구자와 토론을 나눴고, 이 과정을 통해 청년 기획자들의 성장을 4가지 방향에서 접근할 수 있었다.

　첫 번째로 역량의 성숙을 이야기할 수 있다. 이 책에서 인터뷰한 장터

기획자들은 다양한 이력을 갖고 있었다. 기획자들은 이전에는 문화장터를 기획한 경험이 없었고, 이 책에서 언급된 사례가 그들의 첫 번째 문화장터였다. 이들은 다양한 방식과 경로로 파트너들과 함께 장터를 기획했고, 그 과정에서 문화기획자로서 필요한 역량들을 습득하고 계발해나가고 있었다. 기획력, 추진력, 갈등조절 능력, 공간연출 능력, 각종 문서제작 능력, 각종 홍보물을 제작하는 디자인 능력, 행정과 소통하는 커뮤니케이션 역량 등, 문화장터를 기획하는 데에는 다양한 분야에 대한 역량이 종합적으로 필요하다. 조직에서 하나의 프로젝트를 추진할 때, 많은 경우 개인은 구체적으로 분화된 부분적인 업무를 맡는다. 이에 비해 장터기획자들은 제법 큰 규모의 프로젝트를 맡아, 수천 명 이상의 사람들과 관계하면서 시작과 끝을 총체적으로 경험한다. 종합적인 업무수행능력을 키울 수 있는 것이다.

두 번째는 관계의 확장이다. 문화장터는 결코 기획자 개인의 힘으로 만들어지지 않는다. 전반적인 운영을 책임지는 기획자가 있다면, 각종 디자인 업무 담당자, 프로그램 기획자, 현장 운영자 등 다양한 업무를 분담하여 함께 진행할 파트너 또한 필요하다. 좋은 장터기획은 좋은 파트너들과 더불어 이루어내는 것이다. 장터기획 팀은 다양한 형태로 구성된다. 고용과 피고용의 형태인 경우도 있고, 동네 친구들끼리의 모임이나 동호회를 통해 만나는 경우도 있다. 그리고 이렇게 형성된 팀 구성원들은, 장터를 만들기 위해 다시 지역주민, 정부기관, 기업, 예술가 등 다양한 협력 파트너들을 만난다. 이렇게 형성된 관계 네트워크는 다른 사업이나 진로로 전환하는 경우 발판이 되기도 한다.

세 번째로 이야기할 수 있는 것은 경로 이행의 과정이다. 하나의 프로젝트가 성공하면, 그것이 계기가 되어 다양한 사업으로 연결되고 확장된다. 문화장터는 특성상 지속적으로 안정적 수익모델을 만들기 어렵다. 문화장터 기획만으로는 안정적으로 생활하기 어렵다는 뜻이다. 하지만 장터의 성장을 통해 형성되는 기획자로서의 역량과 각종 사회적 관계는 새로운 사업 기회와 활동영역 확장의 문이 되기도 한다. 문화장터 기획자들은 2~4년 이상의 장터기획 경험을 통해, 장터의 진화, 유관기관 진로변경, 사업분야의 재조정 등을 거치면서 경로를 이행해 나갔다. 이 과정은 기획자들의 성장궤적을 살펴보는 의미 있는 지표이다.

네 번째는 대안적인 삶의 재구성이다. 일자리 경쟁이 점점 더 치열해지면서 청년들에게는 '어떤 일을 할 것이냐'가 곧 '어떤 삶을 살 것이냐'라는 질문과 같아지고 있다. 문화장터를 통해 대안적인 삶의 가능성을 발견한 것은, 좁은 취업문을 뚫기 위한 치열한 경쟁만이 청년의 길이 아니라는 점에서다. 문화장터를 만들어온 청년 기획자들의 이야기는, 지역사회를 기반으로 한 문화적 활동을 통해 자기 주도적으로 진로를 개척해 나갈 수 있음을 보여준다.

인터뷰를 통해 들은 청년 기획자들의 이야기는 문화장터에 대한 정보와 함께 위에서 언급한 4가지 범주의 성장, 즉 역량의 성숙, 관계의 확장, 경로의 이행, 그리고 이를 통해 개척해 나가는 일반적이지 않지만 가치 있는 삶의 가능성에 대한 이야기이다.

4. 장터와 청년들의 미래

문화장터 기획은 이제 막 시작되었고, 우리 삶이 그렇듯 장터와 기획자들의 미래는 누구도 알 수 없다. 하지만 시선을 외국으로 돌리면 우리가 참고할 사례를 찾을 수 있다. 예를 들면, 프랑스 파리 북부의 생투앙 벼룩시장은 150여 년을 바라보는 역사 속에서 꾸준히 성장한 시장이다.

지금은 한 해 500만 명에 이르는 관광객들이 찾는 '파리의 4대 관광명소'로 이름난 곳이지만, 초기 생투앙 벼룩시장은 도심에서 거주지를 구할 수 없었던 예술가, 집시 등 가난한 사람들의 집결지였다. 이들은 이 장터에서 '벼룩'이 기어다니는 값싼 옷가지나 중고물품을 사고팔았고, 싸구려 소시지에 맥주를 마시며 집시들의 거리 음악을 들었다. 지역에 사는 예술가들이 직접 만든 작품도 만날 수 있었다. 생투앙 벼룩시장은 지난 시대 파리 사람들의 애환을 보듬은 채 꾸준히 성장해 왔고, 지금은 하루에 다 둘러보기도 힘들 만큼 규모가 커졌다.

오늘날 빠른 속도로 생겨나는 많은 문화장터들은 100년 뒤 어떤 모습일까? 이들 중 일부는 생투앙 벼룩시장처럼 우리 시대의 삶과 애환 그리고 역사를 담은 채 성장하기를 기대한다. 그리고 그 문화장터를 일궈낸

주인공이 다름 아닌 이 책에서 소개하는 청년 기획자들과, 앞으로 새로운 모습의 장터를 기획하고 성공시킬 청년 기획자들이기를 바란다. 오늘도 수많은 사람들과 함께 흥겨움을 만들어내기 위해 한 발 한 발 내딛으며 고군분투하는 청년 기획자들을 응원한다.

* 1장은 양기민과 함께 썼다.

청년 기획자들에게 듣는
성장 이야기

·
·
·

우사단 마을의 청년장사꾼
김 연 석

근래 사람들 사이에서 계단장만큼 이슈가 된 장터는 드물 것이다. 자유분방한 분위기의 이태원에 거주하는 동네 작가들과 주민들이 모여 만든 계단장은 다른 어떤 장터보다도 스타일리시하고 활기가 넘쳤다. 주최한 이들이 스스로의 재미를 위해 만들었다는 계단장은 만든 사람은 물론 찾아오는 사람들까지 덩달아 흥에 취하게 하는 매력이 있다. 우사단 마을 청년들의 모임인 '우사단단'이 기획하고, 2013년 3월부터 현재에 이르기까지 3~10월 사이의 매월 마지막 주 토요일마다 열리는 계단장은, 매회 2만여 명 이상이 방문할 정도로 대단한 인기를 얻게 되었다.

우사단단의 대표인 김연석 씨는 우사단단의 멤버이기도 하지만, 그 전에 '청년장사꾼'이라는 단체의 대표로서 청년들을 이끌고 있다. 청년장사꾼은 30여 명의 청년들이 속한 조직으로, 이슬람 사원 인근에 있는 '사원 앞 카페 벗'을 포함, '열정꼬치', '열정감자', '열정골뱅이' 등 총 11개의 점포를 운영하고 있다. 그는 청년장사꾼의 첫 번째 매장을 이태원에 열면서 우사단 마을의 주민이 되었고, 이제는 우사단 마을의 일원이자 문화기획자 및 장사꾼으로서 동네 친구들과 왁자지껄하게 활동하고 있다.

2015년 1월의 어느 날, 자신감 넘치는 장사꾼 김연석 씨를 우사단 마을에서 만나 장터에서 살아가는 이야기를 들어보았다.

무작정 시작한
문화기획

우사단단과 청년장사꾼 이전에는 어떤 활동을 하셨나요?

대학에서는 건축을 전공했고, 29살에 졸업했어요. 성인으로서 저의 정체성 대부분이 대학의 건축교육을 통해 이루어졌다고 생각합니다. 학교생활 중에 몇몇 대외활동에 참여하면서 빈민을 위한 공동주거, 유휴공간 활동 등 지역 프로젝트들을 경험했습니다. 그러다 보니 자연스럽게 지역에 관심을 갖게 되었고, 막연하게나마 지역에 관한 일을 건축적으로 해보고 싶다는 생각이 들었습니다.

건축은 구축적인 분야이기 때문에 즉각적으로 현실에 반영되기가 어렵고, 사전에 충분한 자본이 투입되어야만 추진되는 분야입니다. 건축학도로서 제가 할 수 있는 일은 거의 없었죠. 저는 즉각적으로 눈에 보이는 성취가 없으면 동기부여가 되지 않는 타입이거든요. 그래서 건물을 짓기보다는 건축을 통해 무언가 다른 일을 하고 싶었고, 현장과 가까운 일을 해야겠다고 결심했습니다.

그러던 중 우연히 평창의 복합 문화공간 '감자꽃 스튜디오'를 운영하는 이선철 대표님을 알게 되었고, 관심이 생겨 무턱대고 찾아가 일하게 해달라고 했죠. 그렇게 감자꽃 스튜디오에서 처음으로 문화기획 일을 시작하게 되었습니다.

 건축에서 '지역'으로 관심을 넓히게 된 계기가 있다면?

특별히 이렇다 할 전환점은 없었어요. 다만 기억나는 일은 있습니다. 군대 가기 전부터 5~6년간 봉사단체 활동에 참여했습니다. 복지 혜택이 미치지 않는 지역에서 불안한 가정 여건이나 경제적 상황으로 공부하기 어려운 학생들을 가르치는 일을 했는데, 일종의 공부방처럼 운영되었죠. 그곳에서 공부하던 학생 중에 공부를 특출하게 잘하던 아이가 있었고, 결국 그 아이는 고려대에 합격했어요. 하지만 대학에 진학할 수는 없었습니다. 어머니에게는 장애가 있었고 아버지는 만성 알코올 중독자였는데, 그분들은 당신의 자식이 대학생이 되는 것보다 당장 살림에 보탬이 되어주기를 원했죠. 저를 포함한 친구들이 돈을 모아 학비를 지원하겠다며 설득했지만 그 아이는 결국 대학진학을 포기했고, 고등학교 졸업 이후 바로 일을 시작해서 생활비를 벌고 가족을 부양하기로 했습니다.

2년이 지나 군대에서 제대한 저는 문득 그 아이의 소식이 궁금해졌습니다. 주위에 수소문하다가 함께 봉사활동을 했던 동기에게서 들은 얘기는 충격적이었습니다. 그 아이가 결국 자신의 삶을 비관해 자살했다는 것입니다. 그 사건 이후 저는 개인의 노력으로 사회구조를 변화시키기란 어려운 일이고, 어쩌면 아예 불가능한 일인지도 모른다고 생각하게 되었습니다. 사회에 대한 분노와 청년들을 위로할 의무감을 동시에 느꼈지요. 그러면서 개인에서 벗어나 지역과 사회구조에 관심을 갖게 되었고, '지역을 살려야겠다'는 강박 같은 것이 생겼습니다. 어려운 사람이 있으면 도와야만 했고, 그들을 외면하는 일은 죄악처럼 느껴졌죠.

 감자꽃 스튜디오'의 경험이 본인에게 어떤 영향을 미쳤나요?

'지역'을 매개로 하는 일을 하고자 했을 뿐, 직업에 연연하지는 않았어요. 건축가가 되었건 문화기획자가 되었건, 어딘가에 취업하거나 어떤 직책을 맡는 것 자체가 중요하지는 않았죠. 건축, 도시, 문화, 시장의 중심을 관통하는 것이 바로 지역입니다. 감자꽃 스튜디오에서의 경험을 통해 문화기획자의 소양을 갖추게 되었고, 이것으로 제가 지역에서 일하는 데 필요한 무기가 늘었다고 할 수 있죠.

 문화기획을 시작하면서 힘들었던 점이 있다면?

감자꽃 스튜디오에서 처음으로 문화기획 일을 하면서 욕을 많이 먹었습니다. 저는 정말 아무것도 몰랐으니까요. 하지만 감자꽃 스튜디오는 팀워크도 좋았고 코워크cooperative work도 잘 이루어져서 조직에 대한 불만은 없었습니다. 힘든 점이라면 업무와 환경의 낯설음에서 오는 것 정도였지만, 그것조차 좋은 동료들 덕분에 어렵지 않게 극복할 수 있었습니다.

개인적으로 저는 문화기획이라는 표현 자체에 실체가 없다고 생각합니다. 공연이나 전시를 여는 일이 일반적인 영역의 문화기획이라고 할 수 있지만, 저는 처음부터 문화기획의 개념을 크게 보고 시작했어요. 문화를 만드는 일이라면 어떤 것이라도 문화기획이 될 수 있다는 생각이었죠. 공연, 전시, 축제, 이벤트 등은 단지 툴에 불과할 뿐, 결국 이러한 것들을 통해 얻고자 하는 것이 문화이고, 문화는 향유되어야 하는 것입니다. 문화는 달리 말하면 '분위기'라고 표현할 수도 있어요. 많은 사람들이 아트^{Art}와 컬처^{Culture}를 혼동하는데, 문화는 아트가 아니라 컬처입니다.

저는 예술가 출신이 아니기 때문에, 처음부터 문화기획을 예술적으로 접근하지 않았어요. 단지 현장과 가까워지고 싶어 문화기획을 시작했고, 현장의 언어를 많이 배웠죠. 또 현장에서 벌어지는 돌발적인 사건사고에 대처하는 노하우들을 많이 얻었습니다. 이를테면 행사 중에 술에 취해 말썽을 일으키는 아저씨들을 대처하는 법 같은 거죠.

감자꽃 스튜디오에서 참여했던 프로젝트 중 기억에 남는 것은?

참여했던 프로젝트 중에 힘들었던 것은 '옥계 5일장 프로젝트'였어요. 옥계는 강릉 옆에 있는 지역인데, 그곳의 5일장은 누가 봐도 '죽은' 시장이었습니다. 판매자가 50개 팀이 채 되지 않고 대부분이 70대 이상의 노인층인 동네의 조그마한 장터였죠. 50~60명의 노인분들과 함께 그 장터를 살려내는 것이 저희의 목표였죠. 개인적으로는 이렇게 죽어가는 시장은 그대로 두어야 한다고 생각합니다. 물론 전통시장이 지닌 가치를 부정할 수는 없지만, 그렇다고 몇몇 사람의 노력과 자본만으로 지켜낼 수 있는 것도 아닙니다.

옥계 장터의 상인들에게 앞치마를 만들어주고, 차양을 만들거나 간판을 세우고, 공연을 통해 사람들의 이목을 끌기도 했습니다. 하지만 이러한 일들은 근본적인 해결방식이 될 수 없었죠. 농어촌 지역의 경우 농림부에서 지원하는 사업들을 통해 거대한 예산을 지원받게 되는데, 일단 잡힌 예산을 집행하는 데 급급하다 보니 비효율적으로 집행되는 경우도 많았던 겁니다. 이러한 상황을 보면서 죽어가는 전통시장을 살리는 일에 대한 회의감이 들었고, 죽어가는 시장은 자연사시키는 것이 맞을지 모른다는 생각으로 매너리즘에 빠지기도 했습니다.

우사단 마을에 정착한
청년장사꾼

질문 감자꽃 스튜디오를 그만두고 우사단 마을에 정착한 계기가 있다면?

기획자로서 지역에서 활동하는 일에 염증을 느꼈습니다. 감자꽃 스튜디오의 '문전성시' 사업이 국가에서 예산을 지원받아 진행되다 보니 정량적 성과를 내야 하는 게 있었어요. 이러한 측면이 기획자나 사업 주체에게는 중요한 것일지 모르지만, 가시적 성과를 위해 굳이 하지 않아도 되는 일을 해야 하는 부분이 저에게는 답답하게 느껴졌죠. 또 제가 그 지역에서 살아온 지역민이 아니고, 그렇다고 지역 상권에서 활동하는 상인도 아니라는 점에서 발생하는 태생적인 갭이 있었습니다. 그래서 '직접 지역의 주민이 되고 상인이 되어서 지역으로 들어가면 어떨까' 하는 생각을 했고, '청년장사꾼'을 창업하게 되었습니다.

창업을 생각하고 있던 청년들로 시작된 초기의 청년장사꾼에게는 자금도 노하우도 턱없이 부족했고, 좋은 상권에 진입할 수도 없었습니다. 그렇다고 해서 아무 곳에서나 장사를 시작하고 싶지는 않았죠. 그래서 몇 가지 조건을 두고 지역을 선정하기로 했습니다. 첫째로, 소자본으로도 운영이 가능할 만큼 임대료가 낮고, 둘째로 유동인구를 포함해 함께 할 콘텐츠가 많아야 하며, 셋째로는 유명한 상권과 가까워야 한다는 것이었어요. 2012년 당시 이 세 가지 조건을 충족하는 지역으로 서촌, 이태원, 성수 등에 주목했고, 그 중 이태원을 선택했습니다.

저희는 청년들이었기 때문에 자금력, 기술, 노하우뿐 아니라 인맥도 거의 없었어요. 게다가 좋은 상권이 아닌 곳에 들어가 장사를 하기 위해서는 장사만으로 부족했죠. 그래서 장사를 해서 가게가 유명해지는 것보다 마을에 사는 예술가들과 함께 마을을 유명하게 만드는 편이 빠를 것 같았습니다. 그렇게 우리는 우사단 마을 청년들의 모임인 '우사단단'을 결성하게 되었습니다.

 건축을 전공한 경험이 지금 활동에 미친 영향은?

다른 사람들이 껍데기를 볼 때, 건축가는 구조를 봅니다. 사람들이 겉모습을 어떻게 바꿀지 고민할 때, 저는 구조를 어떻게 드러낼 수 있을지 고민하죠. 그래서 저는 프로젝트 진행 단계에서 지역조사에 많은 노력을 기울이고, 동네 자체만이 아닌 주변환경과의 유기적 관계를 고려한 마스터플랜을 그려봅니다. 앞에서 내세웠던 3가지 조건들은 제가 건축을 공부했기 때문에 가능한 접근이라고 생각해요. 상권과 가까워야 한다는 것은 건축가적 시각, 콘텐츠의 활용은 기획자적 시각, 낮은 임대료는 상인적 시각으로 접근한 것이라고 할 수 있죠. 저는 스무 살 때부터 건축을 공부했고, 그 바탕 위에 문화기획과 장사의 경험을 쌓아왔습니다. 지금 하는 일 또한 분명 건축적인 일이고, 제가 가진 건축가적 기질은 앞으로도 변하지 않을 것입니다.

 우사단단 결성과 계단장 등의 이벤트를 통해 형성된 관계가 있다면?

우사단단이라는 모임을 조직하면서 여러 사람을 만났습니다. 우사단 마을은 재개발 이슈로 도심 공동화가 진행되면서 생활환경이 열악해졌는데, 이에 따라 임대료가 저렴해지면서 예술가들이 자리 잡기 시작했어요. 그리고 그 시작점에서 저희도 함께하게 되었죠. 그때부터 이들과 뭔가 재미있는 일을 해야겠다고 생각했고, 전략적으로 술자리를 자주 만들었어요. 알지도 못하는 사람에게 처음부터 사업기획서를 들고 갈 수는 없잖아요. 저는 일이 사람간의 관계에서 나온다고 믿기 때문에, 사람들과 만나고 친해지는 것이 가장 중요하다고 생각합니다. 하지만 당시는 예술가들과 빨리 친해지고 싶었을 뿐, 인맥을 통해 사업을 하고 싶다는 생각은 전혀 없었죠.

많은 시간을 보내면서 친해진 그들과 자연스럽게 마을에 관한 이야기를 나누면서, 여러 아이디어가 나왔습니다. 그렇게 우사단단에 처음 참여했던 사람들 중에 '월드 멜로디 프로젝트'라는 팀이 있었어요. 광고기획자, 디자이너, 아트디렉터인 3명이 모여 '세상에 좋은 기운을 뿌리겠다'는 모토로 활동하는 프로젝트 팀이었죠. 장재민 작가의 '노동연구소'나 '스타일지음'이라는 플로리스트 팀도 있었습니다. 그 밖에도 '길종상가'라든지, 과자전을 기획했던 '워크스' 등 유명한 사람들이 많았죠.

 그렇게 해서 모인 사람들과 우사단단을 조직한 건가요?

그렇죠. 처음에는 특별히 프로젝트를 기획하려는 생각이 없었습니다. 일주일에 한 번 정도 만나서 술을 마시고 재미있게 얘기하고 노는 정도였어요. 그렇게 서너 달이 지나면서, '신문이나 만들어볼까' 하고 신문을 만들기 시작했고, '장터나 한번 해볼까' 하고 계단장을 시작했습니다. 2012년 8월부터 모임을 시작해서 11월에 〈월간 우사단〉이 발행되었고, 2013년 3월에 계단장이 열렸어요.

우사단마을의 랜드마크
계단장

질문 계단장의 목적과, 실제 우사단 마을에서 해낸 역할은?

마을 입장에서 장터의 목적은 분명합니다. 마을을 알리는 것이죠. 행사는 크게 두 가지 방식으로 나뉘는데, 첫 번째는 일정 기간 동안의 페스티벌을 통해 이목을 집중시키는 형태이고, 두 번째는 정해진 기한 없이 상설로 운영되는 이벤트 형태입니다. 그 중에서 계단장은 페스티벌 형태의 행사라고 볼 수 있습니다.

계단장을 통해 우리 마을의 정체성을 사람들에게 각인시키면, 2차적으로 이것이 전파되어 유동인구가 늘어납니다. 전시와 공연을 할 여력이 부족해 프리마켓을 시작했던 건데, 나중에는 방문객이 너무 많아져서 힘들었습니다. 그래서 우리끼리는 다음 장터 이름을 '그만 좀 들어와'로 하자는 얘기도 있었어요.

 계단장은 판매자 관리가 체계적으로 이루어진다는 평가가 많은데, 선발기준과 운영방식은?

지역주민들에게 우선권이 있습니다. 나머지는 공식 페이스북을 통해 모집하는데 보통 경쟁률은 10 : 1 정도입니다. 선발기준은 기본적으로 선착순이지만, 선발과정에서 중복되는 아이템이나 계단장의 취지와 맞지 않는 아이템의 경우는 배제합니다. 또 독특하고 참신한 아이템을 가진 지원자를 선호하는 편이고, 너무 상업적인 아이템은 지양하죠.

판매자 선정 이후 계단장에서 이루어지는 활동에는 특별히 관여하지 않으며, 실제로 판매자들은 다른 장터에 비해 자유로운 계단장 분위기를 좋아합니다. 저희는 판매자들에게 입점 비용을 받지 않고, 그래서 분쟁의 여지가 없죠. 자리를 공짜로 제공하기 때문에 판매자들이 우리에게 부가적인 요구를 하거나 불평이나 항의를 할 수도 없습니다. 계단장은 모두가 재미있고 즐거운 시간을 보내기 위해 만든 곳이기 때문에, 우리는 그저 판매자들이 이 자리를 즐기기를 바랄 뿐입니다. 판매자로 와서 장사는 뒷전이고 계속 돌아다니면서 노는 사람도 더러 있습니다. 계단장의 판매자들은 이런 식입니다. 매출에 얽매이지 않고 자유로운 분위기에서 물건을 팔지요.

 본인이 생각하기에 장터란 어떤 곳인가요?

시장은 기능이 아주 단순합니다. 물건을 사고파는 행위가 이루어지는 곳이죠. 물건을 사러 시장을 찾는 사람이 많아지면 또 다른 재화가 생기는데, 대표적인 것이 공연, 전시 등 문화예술 콘텐츠들입니다. 이를테면,

예전에는 약장수, 남사당패 등의 전통적 공연이 시장 내에서 흔하게 이루어졌죠. 이처럼 사람이 많은 곳에 가서 자신의 재능을 팔아 수익을 올리는 것도 상행위 중 하나입니다.

시장에는 이렇게 다양한 형태의 상행위가 존재하고, 이러한 활동들이 장터의 성격을 규정합니다. 그리고 시장과 장터 안에서 하나의 문화를 형성하죠. 장터의 본래 목적은 심플해요. '사고파는 행위'를 잘 할 수 있는 공간이어야 하죠. 이러한 시장 본연의 역할에 충실해야 진정한 장터라고 생각합니다.

문화기획 사업을 하면서 국가나 지자체의 지원을 받지 않는 이유는?

우사단단과 직접적으로 연결되어 있는 기관은 전혀 없습니다. 작년에 서울시가 추진했던 '상가마을공동체 활성화 사업'에 선정되어 지원을 받은 적이 있는데, 그것은 문화기획자가 아닌 지역주민으로서 받은 것이었죠. 저는 평소에 '문화기획자'로 불리는 것을 그다지 좋아하지 않습니다. 문화기획을 하려면 훨씬 더 멋있는 일을 해야 하죠. 지금의 저와 동료들은 이 지역의 상인이자 장사꾼이자 동네 주민이며, 제가 하는 여러 활동들은 단지 이곳에서의 삶의 질을 높이기 위한 것입니다. 마을을 살려야겠다는 거창한 책임감이나 대의명분은 없습니다. 그저 재미있게 놀면서 마을 활성화 사업을 하는 겁니다. 고무동력기를 만들어 날린다거나 동네 꽃집에서 일주일에 한 번씩 꽃을 배달받으며 허세를 부려보자는 '주간 꽃허세'도 그러한 프로젝트의 일환입니다. 일반적으로 생각하는 마을 활성화 사업과는 다른 일들이죠.

 계단장이 알려진 이후 기관이나 기업 등의 사업제안이나 새로운 네트워크가 있다면?

계단장을 비롯한 우사단단의 프로젝트들은 단지 마을에서 재미있게 놀기 위해 시작했을 뿐이고, 초심을 지키기 위해서라도 외부의 사업제안은 일단 거절하는 편입니다. 이 일을 통해 돈을 벌기 시작하면 순수성을 잃게 되고, 재미가 없어질 것이며, 결국에는 더 이상 지속할 수 없게 되겠죠. 절대로 우사단단을 통해 돈을 벌지 않겠다는 것이 저희의 원칙이고, 실제로 많은 사업제안이 있었지만 한 번도 받아들인 적은 없습니다.

관으로부터의 사업제안도 있었지만 우리의 독립성이 침해될 소지가 있어 거절했고, 몇몇 기업들이 제안한 공동사업 기획도 받아들이지 않았습니다. 기업들의 제안은 수익구조를 만들 수 있는 기회였지만, 수익에 목적을 두지 않았기 때문에 받아들이지 않았던 거죠. 외부와의 네트워크를 통하지 않더라도, 우리에게는 충분한 사업수완과 인프라가 있었습니다. 청년장사꾼이 가장 잘 할 수 있는 일 중 하나가 바로 문화를 사업화하는 일이었고, 우리가 가진 판매자 인프라만 해도 홍대 프리마켓과 더불어 전국 최대 규모입니다. 충분히 플랫폼 비즈니스로의 연결도 가능하고, 그에 대한 준비도 되어 있습니다. 다만 그러한 사업을 통해 돈을 벌고 싶지 않을 뿐이죠.

만일 사업화를 통해 돈을 번다면 저는 다시 기획자가 되는 셈인데, 저는 아직 기획자로 돌아가고 싶지 않습니다. 즐겁고 재미있는 일을 통해 돈을 버는 순간, 그 일은 제게 있어 더 이상 즐거운 일이 아닐 것입니다. 물론 사업을 통해 지역에서 단기적인 성과를 낼 수는 있겠죠. 하지만 롱

런할 수 있느냐는 전혀 다른 문제입니다. 지속성을 담보받기 위해서는 꾸준한 관리가 필요한데, 기관이나 기업의 지원은 대부분 일시적이고 한정적인 방식으로 이루어지죠.

단순히 일회성 행사를 원한다면, 우리가 그에 대한 요구를 충족시킬 수는 있습니다. 그들이 원하는 대로 판매자와 아티스트를 섭외하고, 전시를 기획하거나 공연무대를 구성하고 행사를 진행하는 일은 어렵지 않아요. 하지만 그러한 방식은 우사단단이 추구하는 가치와는 상반되는 것이고, 그렇게 해서 돈을 버는 것은 옳은 일이 아니라고 생각합니다.

질문 우사단단의 운영방식과 구성원들의 역할은 어떻게 주어지나요?

평소에는 각자 개인 작업을 하면서 허브로 연결되어 있는 구조입니다. 일반적인 단체들과 비교하면, 우사단단은 정상적인 팀워크를 진행한다고 하기는 어려워요. 신문을 만들고 회의를 하지만 각자가 맡는 역할이 정해져 있지는 않죠. 그저 어떤 일을 할 수 있는 사람이 그 일을 맡는 식이고, 그런 의미에서 조직적이라고 할 수도 없습니다. 정기적으로 진행되는 회의도 의무적으로 참여할 필요는 없고, 시간이 되는 사람만 참여하죠. 앞서 말했듯, 단지 동네 사람들끼리 재미있게 노는 것뿐이고, 더 커지기를 원치도 않습니다. 그래서 외부의 인터뷰 요청도 거절하는 경우가 많아요.

질문 우사단단을 통해 이루어진 지역 공동체의 개인적인 의미는?

지역 공동체는 삶을 윤택하게 만듭니다. 일례로 '주간 꽃허세'를 통해 잘 몰랐던 꽃에 대해 알게 된 것처럼, 평소 접하지 못했던 것들을 새롭게 알아가게 되죠. 또 20년 동안 살았던 본가 동네에는 학창시절 친구들도 다른 지역으로 이사 간 경우가 많아 지금은 아는 사람이 별로 없는데, 고작 3년간 살아온 이곳에는 아는 사람이 많습니다. 보통 성인이 된 후 새로운 지역에서 친구를 사귀기란 쉬운 일이 아니지만, 여기서는 우사단단을 통해 여러 사람들과 교류하고 친분을 쌓을 수 있었습니다. 그래서 지금은 술 생각이 날 때 불러낼 친구도 많아졌죠.

질문 우사단 마을을 알리기 위해 계단장을 시작했다고 했는데, 청년장사꾼의 입장에서 계단장이 갖는 의미는?

크게 두 가지 의미가 있습니다. 첫 번째는 우리가 생활하는 지역이 좀 더 살기 좋은 곳이 되었다는 점이고, 두 번째는 장사의 새로운 플랫폼을 만들어냈다는 점이죠. 계단장을 통해 우리가 직접적인 수익을 얻지는 않지만, 동네가 살아나면 우리가 장사하는 지역이 좋아지고, 결국 이곳의 상권이 좋아집니다. 결과적으로 지역상권이 활성화되는 데에 계단장이 큰 기여를 하는 것이죠.

질문 청년장사꾼에게 있어서의 지역이란?

우리에게 있어 지역이란 다름 아닌 '장사를 하는 곳'입니다. 우리가 지역을 살리겠다는 책임감이나 대의명분으로 무장되었다고 할 수는 없죠. 우리는 청년들이기 때문에 많은 자금을 보유하고 있지 못했고, 그렇기 때문에 많은 돈이 필요한 곳에서는 장사를 할 수 없었습니다. 그러다 보니 상권이 형성되지 않은 곳에서 장사를 시작할 수밖에 없었고, 공교롭게도 그곳이 이 지역이었어요.

장사가 안 되는 곳에서 장사를 잘 못하면 우리는 돈을 많이 벌 수 없죠. 돈을 많이 벌기 위해서는 우리가 장사를 잘 하거나, 그곳의 상권이 좋아져야 합니다. 판을 바꾸거나 우리가 바뀌어야 하는 문제인데, 우리가 다다른 결론은 두 가지를 한꺼번에 이뤄내는 것이었습니다. 장사가 잘 되는 곳에서, 장사를 잘 하는 것. 이것이 바로 우리의 모토이며, 청년장사꾼에게 있어서 지역이 갖는 의미입니다.

많은 사람들이 '청년장사꾼'을 지역활동가나 문화기획자 집단으로 바라보곤 하는데, 이는 잘못된 시선입니다. 물론 우리가 하는 일들이 지역활성화 프로젝트이기도 하지만, 주민들의 생활이나 지역구조 개선이 목표는 아닙니다. 우리에게 지역은 청년이 처한 현실 속에서 우리가 가진 태생적 한계를 극복하기 위한 수단일 뿐이죠.

활동무대를 옮긴
이유와 과정

청년장사꾼의 활동무대를 우사단 마을에서 원효로로 옮긴 이유는?

우사단 마을의 재개발 이슈가 가장 큰 이유였습니다. 그것은 저희가 컨트롤할 수 있는 문제가 아니었죠. 추가적인 투자를 하기에는 조심스러웠고, 그런 상황에서 불가피하게 지역에 대해 다시 한 번 고민하게 되었습니다.

우사단 마을에서 처음 청년장사꾼 매장을 운영했을 때, 우리는 자체적으로 콘텐츠화되기 어려웠고, 그래서 다른 사람들과 함께해야 했습니다. 하지만 우사단에서 성공적으로 정착하면서 어느 정도의 자본이 쌓였고, 컨텐츠로서 독립적인 가치도 생겼습니다. 이제는 우리 자체가 콘텐츠가 되어 새로운 지역에 한꺼번에 진입할 수 있겠다고 생각했고, 그렇게 만들어진 프로젝트가 '열정도'입니다.

결국 우리는 우사단 마을에서 쉼표를 찍었고, 새롭게 자리 잡을 다른 지역을 찾아 눈을 돌리던 중 '원효로 1가'를 발견했습니다. 서울시내 번화가에서 접근하기 좋으면서 상권이 형성되지 않은, 흔치 않은 지역이었죠. 아파트 단지에 둘러싸여 있기 때문에 일차 고객은 확보된 셈이고, 지역의 소득 수준도 나쁘지 않았습니다. 이러한 점에서 장사가 안 될 것 같지는 않다고 판단했어요. 게다가 이 지역 또한 재개발이 무산됨에 따라 임대료가 낮게 책정되어 있었죠. 또 한 가지 중요한 것은 청년장사꾼이 운영하는 다른 지역의 매장들과 가까운 거리에 위치해 있다는 점이었습니다.

그렇게 새로운 활동지역으로 '원효로 1가'를 택했고, 2014년 11월 25일에 열정도 매장을 오픈했습니다. 그리고 2015년 3월 처음으로 흑자 전환에 성공, 새로운 지역 상권을 만들어 나가고 있는 중입니다.

 골목을 새롭게 구성하는 데 건축가로서의 감각이 작용한 부분이 있었을 것 같은데요, 골목상권을 만들어내는 자신의 방식을 해석한다면?

저의 정체성을 건축가로 한정지을 수는 없습니다. 기획자와 장사꾼으로서의 정체성 또한 혼재되어 있죠. 이러한 관점에서 각각의 빈약한 콘텐츠를 연대를 통해 극복했다는 점이 주목할 만하다고 봅니다. 그리고 이미 사람들에게 외면받은 곳에 숨결을 불어넣는 것보다는 아예 숨어 있는 곳에서 처음부터 새롭게 만들어 나가는 것이 더 낫다는 생각을 가지고 있습니다. 죽어 있는 상권을 되살리는 것보다는, 새로운 상권을 개척하는 편이 훨씬 현실적이고 효과적인 방법이라는 것이죠.

 공간을 구성하는 데 있어서의 콘셉트가 있다면?

텅 빈 공간을 처음부터 새롭게 세팅한다면, 상권의 흐름을 읽을 필요가 있어요. 상권이 어떻게 발전하고 최고점을 찍는지, 상권의 구조에 대해 알아야 합니다. 처음 열정도 프로젝트를 준비하는 시점부터 이 지역을 먹자골목으로 만들고 싶었죠. 그러기 위해 먼저 있어야 하는 매장은 밥집입니다. 사람들은 보통 1차로 식사를 하고 2차로 술집에 가죠. 열정도 매장 중에 밥집이라면, 찜닭, 고기, 백반, 철인 등이 있고, 2차로 갈 만한 곳은 철인, 감자집, 아지트가 있죠. 아지트의 경우는 3차로 갈 수 있는 곳이기도 하고요. 이런 식으로 사전에 3차까지 이어질 수 있는 매장 구성을 기획했고, 소비 동선에 따라 설계했습니다. 실제로 직원들이 고객들에게 이러한 동선을 제안하기도 하죠.

이렇게 우리가 만든 상권에 뒤따라 진입한 상인들이 술집을 열기도 합니다. 이런 현상을 심각하게 받아들이기보다는, 오히려 흥미롭게 여기고 있어요. 새로 만들어진 상권에 진입해 장사하는 것은 상권 생태계의 자연스러운 흐름이죠. 이러한 현상은 누군가가 컨트롤할 수도 없을 뿐더러, 지나친 개입은 생태계를 파괴하는 일일 뿐입니다.

질문 상권이 살면 매장 임대료가 높아지고, 결국 상권을 활성화시킨 사람들이 지역에서 배제되는 것에 대한 우려는?

일반적으로 지역 상권이 그런 변화과정을 거친다고 생각하죠. 그러한 흐름이 있는 것도 사실입니다. 하지만 생태계의 논리가 그렇게 쉽게 무너질 만큼 허술하지는 않아요. 삼청동, 경리단, 가로수길 등 포화된 상권에서 쫓겨나는 사람들은 극히 일부이고, 오히려 대부분은 권리금을 통해 이익을 보려는 사람들이라고 볼 수 있습니다. 장사가 잘되면 임대료가 오르는 것은 자연스러운 현상이고, 돈을 많이 번다면 그만큼 많은 임대료를 내는 것 또한 당연하다고 봐요.

질문 청년장사꾼이 거점을 옮긴 이후 우사단단의 변화가 있다면?

문화인류학과 학생들이 요즘 재미있게 참여하고 있고, 빵을 만드는 친구들도 새로이 우사단단에 들어왔습니다. 게스트하우스를 하는 친구와 사운드를 활용해 작업하는 분도 있죠. 특히 요즘에는 건축과 학생들이나 활동중인 건축가들이 저희를 찾아오기도 합니다. 그리고 우사단 마을에 대한 책을 쓰고 있는데, 이것은 우사단 마을의 역사이자 저희의 기록이 될 것 같습니다. 여러 방식의 콘텐츠로써 활용할 생각입니다.

 우사단 마을주민들과의 관계는 어떤가요?

우사단단에서 활동하면서 많은 주민들과 친해졌습니다. 심지어 동네 슈퍼 아주머니는 저를 위해 허니버터칩을 숨겨놓기까지 하시죠. 그 밖에도 옷집, 야채가게, 식당, 부동산 사장님 등 여러 주민분들과 가깝게 지내고 있습니다. 매장을 운영하시는 분들은 가게를 내놓기 전에 저에게 가장 먼저 귀띔을 해주시기도 합니다.

그리고 우리는 우사단단의 프로젝트를 진행할 때, 주민들의 참여를 강요하지 않는 것을 원칙으로 하고 있습니다. 원하는 사람에 한해서 참여하도록 하고, 굳이 저희가 만든 판을 주민들로 채우려고 하지는 않죠. 계단장의 경우, 처음에는 낯설어하기도 했지만 점점 관심과 흥미를 느끼면서 자연스럽게 참여하는 주민들이 생겼습니다. 아들이 신던 신발을 계단장에 가져와 판다든지, 아주머니들이 모여 김치전을 부쳐서 파시기도 합니다.

청년이 찾은
돌파구

 청년장사꾼과 우사단단 모두 선례를 찾기 힘든 조직인데, 이런 시도를 할 수 있었던 이유는 무엇이었을까요?

저는 무언가가 좋아 보인다고 해서 남이 갔던 길을 따르는 성격이 못 됩니다. 그런 의미에서 만약 선례가 있었다면 저는 이 길을 걷지 않았을 거예요. 오히려 기존의 사례가 없었기 때문에 새로운 길을 개척한다는 생각이었고, 당시의 저로서는 달리 방법이 없었습니다.

 두 조직의 복제 가능성에 대해 어떻게 생각하나요?

아마 못 할 겁니다. 저희처럼 하려면 경제적 측면과 사회적 규약 양쪽 부분에서 자유로워야 하는데, 그렇게 되기가 쉽지 않죠. 둘 중 하나만은 복제할 수 있습니다. 장사를 하든지 마을 관련 활동을 하든지 하는 방식으로는 복제가 가능하지만 둘 다 같이 하는 것은 어려울 거예요.

 남들과 다른 삶을 살아오면서 주위의 시선이나 가족과의 관계는?

처음 기획자로 일할 때는 전공을 살리지 않는 것에 대해 부모님께서 걱정하기도 하셨죠. 하지만 장사를 하고 어느 정도 자리 잡으면서 인정받게 되었습니다. 저희 집은 부족한 형편이 아니었지만, 성인이 되어서는 부모님에게 경제적 지원을 받을 수 없었어요. 그래서 20살 때부터 경제적으로 완전히 독립했고, 학비와 용돈을 직접 벌면서 생활하느라 졸업하는 데 9년이나 걸렸죠.

경제적으로 독립한 덕분에, 부모님은 저를 당신들의 아들이 아닌 한 사람의 인격체로서 대우해 주셨고, 그것이 지금까지 이렇게 주도적인 삶을 살아가는 데 자양분이 되었습니다. 이런 경험으로 비추어볼 때, 부모님의 지원을 받으면서 독자적인 삶을 추구하는 많은 청년들은 결코 독립했다고 할 수 없다고 생각합니다.

질문 본인이 생각하는 문화기획자에게 필요한 자질은?

끈기와 진정성이 있어야 합니다. 대부분 기획자들이 처음에 진정성을 가지고 시작했다가 사업을 하면서 잃어버리고 말죠. 문화기획자 판은 넉넉한 판이 아닙니다. 돈을 잘 버는 사람들을 본 적 있나요? 사회적 단체에 있는 사람들은 대부분 돈을 못 법니다. 그 쪽 사람들은 자체적으로 콘텐츠를 만들기보다는 예산의 흐름에 따라 움직이거든요. 그래서 문화기획자가 되기 위해서는 흐름에 따르지 않고 꾸준히 자신만의 분야를 파야 한다고 생각합니다.

질문 스스로의 대안적 삶에 대한 생각은?

개인적으로는 '대안'이라는 표현이 어울리지 않는다고 생각해요. 저는 완전히 주류예요. 장사하는 사람은 많고, 차이가 있다면 좀 더 특별한 방식으로, 치열하게 살아갈 뿐이죠. 청년으로서 기술도, 자본도 없는 상황에서 돌파구를 찾아야만 했고, 일반적인 방식으로는 결코 돌파구를 만들 수 없기에 새로운 방식을 찾은 겁니다. 이것은 어떤 것의 대안이 아니라, 차라리 생존의 문제라고 보는 편이 정확합니다.

구로별별시장과 진짜 마을장터

윤 혜 원

최근 많은 지역에서 '마을 만들기'라는 이름의 다양한 지역재생 사업이 추진되면서, '마을'이라는 단어가 여기저기에서 회자되고 있다. 하지만 서울 지역에서의 마을 공동체는 아직 멀게만 느껴지는 것이 사실이며, 이는 구로구 또한 마찬가지였다. 사람냄새 나는 지역 공동체의 회복을 위한 시민활동가들의 헌신적인 노력이 있었지만, 바쁜 도시 생활에서 주민들과 생산적인 소통을 한다는 것은 쉬운 일이 아니었다. 마을장터는 이렇게 파편화된 도시에서 사람과 사람을 연결하고 공동체를 다시 환기시키는 데 좋은 도구가 된다. 구로구는 '구로별별시장'이라는 마을장터를 도구로 활용했고, 결국 지역주민 사이의 소통을 이뤄내는 계기를 마련했다.

'구로별별시장'은 구로에 거점을 둔 청년문화기획자 공동체 '구로는예술대학'에 의해 만들어진 지역 문화장터이고, 2013년 시작되어 봄에서 가을까지 매월 한 번씩, 구로아트밸리 옆 근린공원에서 열린다. 구로별별시장을 기획하고 시작한 구로는예술대학의 기획자들은 2014년 겨울, 시장의 운영권을 지역주민들에게 넘겼다. 지역에 대안 문화장터의 씨앗을 뿌리고 수확을 지역주민들과 함께 나눈다는 목표를 달성한 것이다.

구로별별시장이 생겨나고 마을로 스며들어간 과정을 살펴보면, 진정한 협치는 결국 사람의 문제임을 알게 된다. 마을 활성화 사업에 대한 구로구청의 강한 의지와, 그것을 구현한 청년활동가들의 노력, 그리고 여기에 협력한 다양한 시민주체들의 활동은 구로별별시장이 가진 특유의 안정성과 활기를 만들어낸다. 2년간 진행된 청년들의 지역장터 만들기 활동은, 지역에 활기를 주었고 청년들에게는 다른 활동의 통로를 열었다. 구로별별시장의 운영주체를 지역주민들에게 온전히 넘겨준 이들은 새로운 활동을 시작했다. 지역 전통시장인 구로시장에서 '영-프라쟈'라는 이름의 상가 활성화 실험으로 활동 영역을 옮긴 것이다.

구로시장 골목 사이 '영-프라쟈'라고 쓰여 있는 정적인 글씨체를 확인하고 들어간 그 공간에는 구로시장과는 또 다른 젊음이 있었다. 삐익 소리가 들리는 나무로 된 작은 문을 통해 들어간 '영-프라쟈'의 보금자리에서 윤혜원 씨와의 인터뷰가 시작되었다.

구로 지역 마을공동체의 첫걸음
구로별별시장

 구로별별시장에 대한 소개를 부탁드립니다.

구로별별시장은 대안 문화장터에 로망을 품고 있던 마을활동가 모임에서 시작된 마을장터입니다. 구로 지역의 주민들과 청년 마을활동가, 그리고 지자체가 함께 1개월에 1회 장터를 열어요. 봄부터 가을까지 매월 둘째 주 금요일에 열리죠.

별별시장은 대단히 세련된 상품을 파는 수공예 작가나 예술가들을 위한 장터는 아닙니다. 동네 주민들이 가볍게 마실 나와서 음악도 듣고 맛있는 것도 먹고 필요한 것이 있으면 나누기도 하는, 그런 마을장터를 지향하고 있습니다. 다만 장터에 나왔을 때, 그 고유의 문화를 즐길 수 있게 주민들과 함께 공연이나 손작업 공방 같은 프로그램을 기획하기도 합니다.

매번 50~60팀 가량의 주민들이 좌판을 깔고 장터를 함께 만들어가고 있습니다. 실용적인 면에서 보면 집에서 안 쓰는 물건을 처분해서 좋고, 이웃과 자연스럽게 만날 수 있어서 좋죠. 주말에 딱히 갈 데가 없어 외지로 나가던 가족들이 아이들과 함께 음식 먹으러 나오거나 공연 보러 오는 경우가 많습니다. 집으로 돌아가기 전에 "다음에 또 해주세요!"라거나 "고마워요. 많이 생겼으면 좋겠어요."라는 말을 하시는 분이 많은데, 이런 이야기를 듣는 게 가장 큰 보람이에요.

문화기획자가 된
청년 백수

 구로별별시장을 하기 전에 윤혜원 씨는 어떤 사람이었나요?

전 원래 관계지향적인 사람은 아니었어요. 냉소적인 면이 있기도 했고, 아는 사람들과 어울리는 건 좋아라 하는데 낯선 사람은 낯설어하는 평범한 성격이었죠. 대학 다닐 때는 막연하게 기자가 되고 싶었어요. 철학이나 사회과학 분야의 책을 찾아 읽기도 했죠. 대학을 졸업하고 나서도 아트앤스터디^{artnstudy} 같은 인문학 강좌 사이트에서 강의원고 쓰는 일을 했어요. 정식으로 취업하기에는 조직생활이 주는 소모가 싫었고, 그렇다고 새로운 일을 벌이는 것도 겁이 났고요. 그런 사회생활 적응이 어려웠던 평범한 20대였어요.

 구로별별시장을 하게 된 계기는?

대학을 졸업한 이후 사람들과 교류가 많이 줄더라고요. 확실한 진로를 잡은 것도 아니었으니, 일상이 좀 소모적이라는 생각이 들었습니다. 황폐해지는 것 같더라고요. 그러던 중에 대학선배가 저를 '구로는예술대학'이라는 청년 활동가 모임으로 데려갔어요. 그 선배가 마침 청년 마을활동가를 양성하는 교육 프로그램을 기획하고 있었고, 저도 거기에 참여하게 되었죠.

구로는예술대학은 문화를 기반으로 마을활동을 해나가는 공동체였고, 그곳에서 자연스럽게 문화기획 일을 배웠어요. 준거집단을 만난 거죠. 나이도 비슷하고 사회에 불만이 있는 것도 비슷하고, 뭔가 창조적인 일을 하고 싶은 욕구도 비슷하고, 그런데 혼자 하기에는 겁나는 것도 비슷하고……. 그런 친구들이 떼로 몰려 있는 거예요. 사실 저는 사람들 만나는 걸 별로 안 좋아하는 성격이었어요. 성격에 좀 날카로운 면이 있거든요. 그런데 구로에서 만난 친구들은 처음이었는데도 불편하지가 않더라고요. 그리고 나이가 많은데도 20대 친구들을 존중하고 대화하며 일하는 법을 아는 어른들을 만난 것도 좋았어요. 이곳에서는 조금 더 깊은 인연으로 일을 해봐도 좋겠다는 생각을 했습니다.

이렇게 대학 밖에서 친구인 듯 동료인 듯 애매한 친구들을 만나고, 마을활동에 대한 대화를 많이 나눴어요. 그러던 과정에서 구로구청과 청년 마을활동가들이 교류하는 시간이 있었는데, 그곳에서 장터 이야기가 나왔어요. 주민들이 가볍게 와서 즐겁게 놀다 가는 공간으로서 '장터'를 만들어볼 수 있겠냐는 제안을 주고받은 거죠.

질문 처음 접한 문화기획 분야에서, 장터를 만들기 위해 필요한 역량은 어떻게 키울 수 있었나요?

그 전에 저는 주로 머리 쓰는 일을 하던 사람이었어요. 엉덩이 무겁게, 주로 텍스트를 다루고 편집하는 일을 했죠. 그런데 여기는 그런 곳이 아니었어요. 장터를 만드는 데 필요한 일은 모두 직접 움직이면서 계획하고 실행해야 하는데, 그 과정을 겪은 것은 제게 큰 행운이었어요. 그만큼 문화기획 일을 처음부터 제대로 배운 거니까요. 현장감을 익힌 것도, 좋은 파트너들과 일한 것도 참 좋았죠. 장터를 만드는 것도, 사람들을 만나는 것도 제겐 정말 힘든 일이었지만, 그 과정에서 사람들이 왜 축제를 좋아하는지도 점점 알게 되었어요.

처음 구로별별시장을 만들 때는 다들 장터를 만든 경험이 없어서 많이 헤맸죠. 그래도 축제 경력을 가진 사람이 있어서 행사를 구성하는 데에는 큰 도움이 되었어요. 동선을 짜거나 공간을 세팅하는 방법에 대해서요. 그리고 지역 행사라는 것이 지역주민과의 소통이 굉장히 중요한데, 이 부분은 구로는예술대학이 이전부터 오랫동안 해오던 것이라서 별 무리가 없었죠. 이렇게 지역장터를 만들기 위한 노하우가 자연스럽게 멤버들 사이에 전수되고 쌓였어요. 말하자면 구로는예술대학을 통해서 OJT^{on the job training}가 이루어졌던 거죠.

질문 구로별별시장을 만들면서 어려웠던 부분은?

장터는 1년에 다섯 번 열었는데, 사실 처음에는 경험이 없어 굉장히 힘들었어요. 첫해에는 장터가 열릴 때만 되면 동료들이 막 말라가는 거예요. 현장에서 무거운 물건들을 워낙 많이 들고 나르다 보니 체력도 많이 늘었죠. 테이블을 짧은 시간에 수십 개를 깔아야 하는데 깔아도 깔아도 끝이 안 보이고, 할 일이 뭐가 그리 많은지 모르겠더라고요. 공부만 하던 학생들이 전기설치나 공간구성 같은 일을 해야 했으니 무척 힘이 들었죠.

사실 구로별별시장에 책정된 예산이 너무 적었어요. 처음에는 예산이 많은지 적은지도 몰랐는데, 일이 진행되니까 예산이 부족한 만큼 일을 모두 몸으로 때워야 했죠. 책정된 예산이 많은 장터에서는 현장 세팅같이 일손이 많이 필요한 일들은 아르바이트를 써서 하거든요. 그런데 우리는 우리 손으로 다 해야 했어요. 홍보물 만드는 건 아는 친구한테 디자인에서 인쇄까지 부탁했고, 전단지는 우리가 직접 거리에 나가서 뿌렸죠. 시간이 부족해서 비 오는 날까지 붙이러 다녔는데, 나중에는 구로별별시장이 열리는 날짜가 다가오는 게 무서워지더라고요.

그래도 다행히 멤버 중에 큰 축제에서 실무를 맡은 경험이 있는 분이 있었어요. 그 분 덕분에 현장에서 동선을 짜고 공간을 배치하고, 방문객들을 응대하는 등 기본적인 실무 프로세스를 갖출 수 있었어요. 그렇게 행사가 진행될수록 우리도 익숙해지면서 점점 할 만해졌죠.

질문 구로는예술대학에서 함께 구로별별시장을 만들어간 멤버는?

구로별별시장은 구로는예술대학의 초기멤버인 박종호 씨를 통해 만들어졌고, 그의 제안으로 저도 함께 참여하게 되었죠. 박종호 씨는 기존 영등포 달시장에 대한 로망을 갖고 있었고, 여러 지역활동가들과 교류하면서 와이마을^{서울시의 마을 활성화 프로젝트} 등 마을공동체에 대한 사업설명회를 진행하고 있었습니다. 마침 구로구청의 마을공동체 추진반이 관심을 가졌고, 박종호 씨 주도로 구로구에서 장터를 운영하기로 결정한 거죠.

당시 구로별별시장을 맡은 사람은 저를 포함해서 총 4명이었어요. 구로는예술대학을 주도한 대표 격의 기획자가 한 명 있었고, 마을기획자 양성과정의 수강생이었던 사람도 대안장터에 관심을 가지면서 참여했어요. 그리고 축제 전문가도 있었는데, 지역활동에 의지가 있어서 우리 팀과 함께하게 되었죠.

질문 **장터에 참여하는 판매자와 예술가를 섭외한 과정은?**

벼룩시장에 참여할 판매자나 체험 워크숍을 진행할 사람들을 모아야 했는데, 체험 워크숍의 경우 처음에는 예술가들을 대상으로 섭외를 진행했어요. 그런데 의외로 구로 지역의 주부들이 많이 참여했어요. 집에서 취미로 개인적인 작업을 해온 분들이었죠. 그렇게 구로별별시장은 구로 주민들이 직접 만들어가는 장터가 되었어요.

공연하시는 분들에게는 예산의 한계로 공연비는커녕 거마비조차 드리지 못했어요. 그래서 무료공연이 가능한 팀들에 한해 참가신청을 받았고, 그래도 출연진이 부족한 경우에는 저희가 직접 섭외를 진행했죠. 전혀 친분이 없는 뮤지션들에게 구로별별시장을 소개하고 공연을 부탁했는데, 의외로 흔쾌히 참여해주시는 분들이 많았어요. 심지어 이런 이벤트가 있을 때면 언제라도 불러달라는 분들도 계셔서 정말 감사했습니다. 장터를 통해서 만들어지는 작은 공연이 누군가에게는 소중하고 절실한 무대일 수 있다는 사실을 깨달았어요.

질문 **2년 차부터 구로는예술대학의 대표 '술래'가 된 계기와, 대표 기획자로서 느낀 어려움은?**

1년간 구로별별시장을 운영하면서, 자연스럽게 제가 다음 대표 술래가 되어야 한다는 합의가 이루어졌어요. 1년 차에 구로는예술대학을 만든 동료는 2년 차에는 다른 일을 해야 한다는 것을 우리 모두가 알고 있었어요. 특별한 결심이나 선출과정이 있었던 건 아니었어요. 우리는 함께 일하는 사람들과 대화를 많이 나누는 편인데, 대화를 나누는 과정에서 자연스럽게 제가 2년 차에 대표 기획자로서 이 모임을 이끌어가야 한다는 것에 합의가 되었죠. 모든 동료들이 이 사실을 자연스럽게 받아들였어요.

구로별별시장 기획팀에서 '대표'는 큰 의미가 있는 건 아니에요. 인사권이 있는 것도 아니고 동료들의 월급을 챙겨주는 것도 아니죠. 하지만 그럼에도 일의 전체를 조망하고 행사와 팀의 비전을 설계하는 중요한 역할이 있어요. 일의 진행방식도 제가 잘할 수 있는 방식으로 아예 다시 짜야 했죠. 관리를 받던 사람이 관리를 하기 시작하니까, 굉장히 많은 게 달라지더라고요. 처음에는 제가 과연 이 일을 할 수 있을까 하는 생각에 자신감이 없기도 했죠. 하지만 일을 하나하나 해결해 나가면서 제 방식에 대한 자신감이 생겼고, 점점 다른 사람들도 제가 일하는 방식을 존중해주더라고요.

아무래도 혈기 왕성한 젊은 친구들이 모여 있다 보니 사소한 오해도 서로 참지 못하고 갈등으로 번지는 경우가 많아요. 그럴 때는 제 입장만 강요하는 대신, 상대방을 기다리는 시간을 가집니다. 그리고 그 기다리는 시간이 얼마나 힘든지 계속 신호를 보내죠. 그 과정에서 함께 성장하는 것 같아요. 이 시간을 함께 보내면서 말이죠.

성공적인
민관 협력의 모델

 구로별별시장을 만드는 데 도움을 준 이들이 있다면?

구로 지역의 마을공동체 틀을 활용해 많은 청년 활동가들을 만났는데, 그렇게 만난 사람들이 새로운 파트너로서 많은 도움을 주었어요. 우리가 힘들어할 때 같이 몸으로 때워줬죠. 한편으로는 구로는예술대학에서 청년 기획자 양성과정에 참여했던 친구들이 포스터에 쓰일 그림을 그려주기도 했고, 그 밖에도 소소한 실무나 전문 역량이 필요한 부분들은 여기저기에 품을 팔았어요. 구로 지역에서 오랫동안 활동해온 시민단체, 생협, 다양한 조직들도 구로별별시장을 만드는 데 일조해주었어요. 한 달에 한 번씩 다 같이 회의하면서 좋은 장터를 만들기 위한 의견들을 나눴죠.

장터 만드는 청년들끼리 연결된 네트워크를 통해 여기저기 조금씩 도움을 받기도 했는데, 그때의 우리는 진짜 불쌍했어요. 특히 달시장을 만든 방물단에게서 많은 도움을 받았습니다. 장터에 필요한 여러 물품들을 대여해주거나 시장 공간을 만드는 데 도움을 주기도 했죠.

 구로구청과 관련 기관들의 지원은 어떻게 이루어졌나요?

구로구청에서는 구로문화재단 분들과 연결해서 게스트도 섭외해주고 장비도 대여해줬죠. 행사 당일 일손이 부족할 때는 담당 주무관님이 트럭 운전까지 해주셨어요. 막 부려먹은 거죠. 그런데 나중에 다른 지역

활동가들의 이야기를 들어보니, 이 정도면 관에서는 파격적인 지원을 해준 것이더라고요. 그때 우리는 멋모르고 이것저것 막 해달라고 그랬는데, 지나고 나서 생각해보니 고마웠어요.

그리고 구로문화재단 문화사업부에서 공연 프로그램을 전담해서 진행하거나 장비를 대여해주고 오퍼도 봐주는 등의 지원을 해주었죠. 이는 구로별별시장이 구로구청의 마을사업이었고, 문화사업팀이 마을에 속해 있었기 때문에 가능했던 일이에요. 주민들에게 장터를 홍보하는 데 주민자치위원회의 도움도 받았어요. 쉽지 않은 환경에서 많은 기관, 주체들의 도움을 받은 셈이죠.

여러 곳에서 지원을 받으면서도 실무는 저희가 주도했어요. 구로는예술대학이 중심이 되어 구로별별시장을 기획하고 운영한 것이죠. 관에서는 청년들이 여기서 이런 활동을 하고 있다는 것 자체를 굉장히 반가워했고 많이 도와주려 했어요. 우리가 원한 방식이 아닌 경우도 있었지만, 고생하는 것도 잘 알고 있었고 실무적인 선에서 가능한 것은 최선을 다해 도와주셨죠.

지역사업에서 시민단체들이 기관과의 협업에 어려움을 겪는 경우가 많은데, 구로별별시장에서 관과 협력이 잘 이루어진 이유는?

마을 만들기 사업이 한창 유행하고 있었고 지자체 입장에서도 그에 대한 성과를 내야 했지만, 딱히 할 만한 일은 없는 상태였던 것 같아요. 그런데 마침 구로에서 문화예술 활동을 하는 구로는예술대학이라는 틀이 있었고, 청년들이 맨몸으로 지역에서 이런 활동을 하고 있다는 것 자체가 구청 입장에서는 굉장히 신기하고 반가웠나 봐요.

이런 상황에서 서로의 필요가 충분했고, 구로별별시장을 시작한 것도 구로구청이 먼저 1,000만 원의 예산을 제시하고 사업을 제안하면서부터였습니다. 그런데 결정적으로 장터 만드는 데에는 지원금이 별로 없어서 미안해했어요. 젊은 애들 고생시킨다고 생각하니까 미안하긴 한데, 돈 없으니 어떡하겠어요? 같이 몸으로 때우는 수밖에 없었죠. 그러다가 미운 정 고운 정 다 든 거죠. 역시 행복은 돈으로 살 수 있는 게 아닌가 봐요.

단순히 행정이 갑의 입장에 서서 을에게 성과를 독촉하는 식의 관계로 일이 진행된 게 아니라, 담당자 분들이 실무적인 선에서 할 수 있는 건 최선을 다해서 도와주셨어요. 주로 몸으로 때우는 일이었지만요. 덕분에 아직도 공무원 분들이랑 친하게 지내요. 이게 다 가난을 함께해서 그런 것 같아요.

그런 의미에서 구로구청과 구로는예술대학의 관계는 민간협력의 대표 모델이라고 할 수 있어요. 2013년 구로별별시장의 기획 단계부터 협력이 시작되었고, 구청 담당자 또한 큰 변화 없이 유지되어 소통이 원활했죠. 구청에서 이루어지는 지원방식은 보통 행정적인 부분이었어요. 법적이거나 정책적인 문제들에 있어서 저희가 가진 노하우는 턱없이 부족했고, 이를 해결하는 데에 구청에서 큰 도움을 주었어요. 방관적인 자세를 가진 일부 관의 행태와는 달리, 한계에 다다른 경우에도 계속해서 파고들어 주는 구로구청 담당자들의 태도도 보기 좋았고요.

물론 구로는예술대학의 사업들을 성공적으로 이루어내는 것이 지자

체 입장에서도 중요한 성과가 된다는 점에서 적극적인 협력이 이루어
졌다고 볼 수도 있어요. 하지만 저희는 일반적인 기업과는 일하는 방식
이 달랐고, 처음에는 소통이 용이하지 못한 부분도 있었죠. 그럼에도 구
청 담당자 분들이 많이 이해해주셨고, 20대 후반의 청년 기획자인 우리
를 독자적인 사업체이자 동등한 파트너로 인정해주는 것을 느낄 수 있
었습니다.

질문 구로별별시장은 다양한 분야의 많은 참여자들과 함께 만들어왔다고
할 수 있겠네요?

물론이죠. 다양한 네트워크와 더불어, 그에 따르는 이해관계 또한 여
러 형태로 얽혀 있습니다. 이러한 네트워크를 중간에서 조정하기 위해
○○은대학 oouniv.tistory.com 구성원들에게 도움을 요청하기도 했고 실제로
도 많은 도움을 받았죠. 외부의 도움 없이 구로는예술대학 멤버만으로
는 절대 진행할 수 없었을 겁니다. 지역에서 활동하는 예술가들이나 말
그대로 '아기엄마'들도 많이 만났죠. 지역에서 살지 않는 문화기획자들
이 만들어낸 판을 이용하는 방식에서 벗어나, 이제는 주민들이 주도적
으로 문화기획을 하는 사례가 된 것 같아 뿌듯해요. 고생한 보람을 느끼
기도 하고요.

장터를 통해 발견한
새로운 가능성

 2014년 이후 구로별별시장의 운영을 지역주민들에게 이양했는데, 지역에 환원한 이유는?

처음부터 구로별별시장은 우리 청년 기획자들의 장기적인 진로와 생계를 유지하기 위한 사업이 아니었어요. 구로라는 지역에, 마을 사람들이 서로 어울릴 수 있는 계기를 장터를 통해 만들어보자는 뚜렷한 목표를 가진 프로젝트였죠. 그게 2년 만에 어느 정도 성공한 겁니다. 그 다음 과제는 이 프로젝트가 마을 안에서 자생력을 가지고 스며들게 만드는 것이었어요. 별별시장은 이제 2단계로 진입했다고 할 수 있죠. 새로운 실험을 시작한 것입니다.

운영권을 넘겼다고는 하지만 필요한 부분에 있어서는 저희도 여전히 돕고 있어요. 작년까지 함께 했던 지역활동가들과 시민운동 단체들도 서로 품앗이를 하고 있습니다. 저희에게도 지역주민들에게도 뜻 깊은 시장인 만큼, 앞으로도 좋은 방향으로 진화해가면 좋겠어요.

 구로별별시장 이후 구로는예술대학의 다른 프로젝트가 있다면?

관련해서 크고 작은 제안들을 많이 받았는데, 그 중에서도 주력한 것은 구로에 있는 재래시장인 '구로시장' 활성화 사업에 참여하는 것이었어요. 시장 사업은 저희가 별별시장을 하기 전부터 해온 활동인데, 지금은 재래시장에 들어가 여러 가게를 함께 만들어 운영하고 있어요. '영-프라쟈라는 이름의 상가인데, 이것이 지금 저희가 집중하는 활동입니다.

　개인적으로는 구로별별시장처럼 화려한 이벤트보다는 골목을 거점으로 활동하는 것을 더 좋아해요. 취향의 문제이긴 한데, 저는 개인적으로 골목을 돌아다니는 것을 무척 즐깁니다. 구로시장은 잘 계획된 구역이 아니라 방사형으로 펼쳐진 재미있는 골목인데, 골목 구석구석에 있는 인상적인 장소를 찾아내는 일은 무척 재미있습니다. 골목 안에 있는 차이를 발견해내고, 그것을 드러내는 작업이 즐겁게 느껴지죠. 이런 점에서 영-프라쟈는 오래된 재래시장의 골목 안에서 다른 활동성을 만들어내는 작업이에요. 아직 시작 단계이고, 당분간은 이 작업에 집중할 듯합니다.

　구로별별시장을 운영하면서 느낀 점 중 하나가 자신만의 재능을 가진 사람이 의외로 많다는 것이었어요. 사람들은 예쁜 물건을 만들거나 맛있는 음식을 요리하고, 이를 통해 창업하고 싶어 하기도 해요. 그렇게 구로구의 지원 속에서 영-프라쟈를 기획했고, 구로는예술대학 멤버들도 직접 크레이프를 파는 가게를 운영하게 되었죠.

　하지만 제게 있어 '청년창업'이란 어디까지나 수단일 뿐이에요. 방법론으로서 시장과 청년을 차용했을 뿐, 청년창업을 지원하고 그들의 가게를 만드는 것 자체가 중요한 일은 아니었습니다. 구로시장이라는 공간을 어떻게 재생시킬 것인가에 중점을 두었죠. 시장 본연의 기능을 위해 장사하는 사람들이 들어오면 좋겠다고 생각했고, 이를 위해 청년장사꾼을 지원하는 겁니다.

 구로는예술대학이 추구하는 공동체적 가치를 위한 주민과의 교류가 있다면?

우리에게 구로의 주민은 바로 구로시장의 상인들이기도 해요. 저희는 2014년부터 시장 활성화 사업을 진행했는데, 상인분들은 20년 넘도록 옆에서 장사해온 이웃과 인사 한 번 나누지 않는 분도 있을 정도로 서로 간의 소통이 없었어요. 저희와 상인회가 함께 노력해서, 결국 상인들 사이의 친밀감을 만들어낼 수 있었죠.

그리고 올해의 목표는 영-프라쟈 식구들 간의 작은 공동체를 만드는 거예요. 구로시장을 하나의 공동체로 만들기 위해 우선되어야 할 일이죠. 입점중인 타 가게 사장님들과 친하긴 하지만, 공동체가 되는 것은 단순히 친한 것과는 다른 문제라고 생각해요. 어려움이나 갈등에 부딪쳤을 때 어떻게 대처할 것이며, 가치관을 어떻게 조율해 나갈 것이냐가 공동체가 되기 위해 풀어야 할 숙제죠.

 장터를 통해 이룰 수 있는 이상적 공동체의 형태는?

요즘 생각하는 것 중 하나는, 돈 이외에 다른 유·무형의 매개체를 활용해서 장터의 교환가치를 창출해보자는 거예요. 이름 하여 '중계소' 프로젝트죠. 예를 들어, 제가 누군가에게 책을 읽어줄 수 있다면, 다른 누군가는 제가 읽어주는 책을 듣고 싶어 할 수 있어요. 그런데 그 사람에게 목공 기술이 있다면, 제가 책을 읽어준 대가로 그 사람에게서 나무 의자를 만드는 법을 배울 수도 있을 거예요. 이런 식으로 각자가 가진 다른 가치들을 교환하는 거죠.

대안장터라 해도 결국 시장은 화폐를 매개로 거래가 이루어지고, 지역 화폐를 시도했다가 실패하는 경우도 많이 봤어요. 하지만 화폐를 통하지 않고도, 장터 안에서 서로 교환될 수 있는 재미난 일들을 해보면 어떨까 하는 생각을 하고 있어요. 그러면 주민들이 필요한 물건만 사고 집으로 돌아가기보다는, 서로 많은 이야기를 나누면서 여러 가치들을 공유하게 되겠죠. 실질적으로는 일자리가 교환될 수도 있습니다. 우리 집에 와서 하루 동안 무슨 일을 해주면 어떠한 보답을 하겠다는 식으로 말이죠.

협력과 공생을 배우며
성장하는 청년들

질문 일반적이지 않은 삶에 대한 가족들의 반응은?

제 일을 설명하기 어렵고 귀찮다고 느껴서, 부모님은 아직도 제가 무슨 일을 하는지 구체적으로 알지 못하세요. 그래도 문화기획에 대해 설명하고, 관련해서 제가 대표로 있는 업체가 있고 장사도 하지만 제 가게는 아니라는 정도는 말했죠. 주류의 직업이 아니니 부모님이 이해하기 어려워하시는 면도 있고, 제가 뭉뚱그려서 설명을 하니 답답해하기도 해요. 이걸 타계하는 방법은 가끔 신문에 제 기사가 나오면 그걸 보여드리는 거예요. 언론 매체에 소개되면 그나마 미더워 하시니까요.

부모님은 현재 제가 하는 일에 대해 대부분 지지하고 기다려주시지만,

때로는 불안해하기도 하십니다. 가업을 잇기를 바라기도 하시고요. "언제까지 이 일을 할 수 있는 건 아니다. 그건 너의 일이 아니다."라는 식으로 얘기하기도 하시는데, 우리 일이 정부 지원사업인데다 제 자본을 가지고 하는 사업이 아니기 때문에 불안하신 거죠. 그래서 심심찮게 제게 집으로 다시 돌아오라고 말씀하시죠.

질문 문화기획을 5년 후에도 계속 하고 있을까요?

계획하고 산 적이 없어서 모르겠어요. 그렇다고 계획을 세우지 않아서 불안해한 적도 없어요. 매번 새롭고 모르는 일을 할 때 희열을 느끼거든요. 이 일이 익숙하다고 느끼면 그만해야 한다고 생각해요. 그래서 지역에서 활동하는 활동가로 살고 싶기는 한데, '구로에 뼈를 묻겠다'와 같은 식의 생각을 하지는 않아요. 구로별별시장이나 영-프라쟈가 제가 가지는 청년으로서의 불안을 해소시켜줄 장치라고 생각하지도 않아요. 이런 일을 하면서 배우고 성장하는 그 자체에 의미를 두고 있죠.

질문 자신의 삶을 주도하며 대안적인 삶을 살 수 있는 이유는?

저는 'ＯＯ은대학'이라는 준거집단을 만났고, 그 안에서 동료가 무엇인지 알았어요. 저희의 모토가 '어디에서나 배우고 누구나 가르친다'이고, 저 또한 지금 그렇게 살고 있다고 생각해요. ＯＯ은대학을 통해 저의 주체성을 찾아내지 못했다면 결코 이 일이 즐겁지 않았을 거예요. 대학을 졸업했을 때에도 제 삶의 주체성이 확보되지 않는다고 느꼈기 때문에 회사에 취직할 생각은 없었어요. 주체성을 가지면서 세상을 바라보는 시선도 달라지고 저의 태도도 많이 바뀌었죠. 긍정적이지도 않고 시니컬한 척했던 제가 변했으니까, 다른 사람도 변할 수 있다고 생각해요. 이 가치가 많은 사람들한테 퍼졌으면 좋겠다는 바람, 이것이 제가 지금 구로는예술대학에서 활동하는 이유예요.

 청년들에게 대안적 삶의 가능성을 제시한다면?

대안이라는 표현은 너무 포괄적이라고 생각해요. 제가 이 일을 어떤 문제의 대안으로서 선택한 것은 아니거든요. 그리고 지금의 저는 아직 지속가능성을 증명할 만큼의 성취를 이루지 못했다고 생각해요. 오히려 언제 망할지 모른다고 하는 편이 정확하죠. 그래도 어떻게든 문화기획을 하면서 살지 않을까 싶기는 해요. 그렇다고 딱히 평생 이 일을 하겠다는 굳은 결심이 있는 것도 아니죠.

사실 제게 있어서 정말 중요한 것은 제가 계속해서 이 일을 할 것인가의 문제가 아니에요. 가능한 한 많은 사람들을 이곳으로 끌어들이는 것, 말하자면 사회적 활동가를 양성하는 것이 제가 추구하는 중요한 목표 중 하나죠. 하지만 그렇다고 해서, '이게 대안적인 삶이니까 이렇게 살아라'라는 투의 일방적인 방식을 추구하지는 않아요. 재미있게 살고 싶은 청년들, 막연하게 새로운 삶을 꿈꾸지만 실행할 의지나 용기가 부족하고, 동기유발을 겪지 못하는 사람들이 많거든요. 그런 사람들을 계속해서 밖으로 끌어내고, 서로 만나게 해서 그들의 생태계를 만들어야 하죠. 이렇게 조성된 생태계를 통해서만 지속가능성을 논할 수 있고, 저를 비롯한 청년 문화기획자들의 삶이 '대안'이라는 관념적이고 포괄적인 단어에 매몰되지 않을 수 있다고 생각해요. 물론 이를 위해서는 많은 사람들이 힘을 모아야 하죠.

　제 경우는 문화기획자이기도 하지만 사회적 경제 영역에서는 사회적 기업가이기도 해요. 아직 이렇다 할 수익을 창출해내지 못하면서 사회적 기업가라고 불리는 것은 어색할 수도 있지만, 반대로 돈을 많이 버는 것이 목적이라면 여기에서 일할 수 없었을 거예요. 제게 있어서 돈을 버는 일은, 일반적 관점에서의 고액 연봉이나 최저임금 같은 잣대와는 무관합니다. 그저 서울 안에 살고 있는 1인 가구주로서 집 월세를 충당하고, 가끔 친구들을 만나 치킨과 맥주를 먹을 수 있는 정도면 충분하죠. 문화기획자로서 이런 정도는 어렵지 않을 만큼 안정적 수입을 가져야 한다고 봅니다. 이것이 가능해야 이 판에서 버티는 사람들이 많아질 것이고요.

 장터기획 등 지역에서의 문화기획을 꿈꾸는 사람들에게 해주고 싶은 말이 있다면?

　구로는예술대학에 참가하는 사람들 중에는 마을활동이나 사회적 경제에 대해 막연한 기대를 가진 분들이 있는데, 이걸로 자기 삶이 아름다워질 것이라는 순진한 생각으로는 들어오지 않았으면 좋겠다는 생각이 들어요. 이 길을 선택하는 만큼 더 치열하게 부딪혀야 하는 것도 많고, 추구하는 가치가 여기서 다 충족될 수 없다는 것도 알아야 해요. 세상을 살면서 어떻게 자기가 하고 싶은 것만 하겠어요.

　제가 하고 있는 일 또한 어떤 삶의 대안이 아닌, 그냥 다른 하나의 삶일 뿐이에요. 오히려 문화기획자의 삶을 선택해서 더 어려운 경우도 많죠. 주체적으로 산다는 것은 주인공 같은 삶을 사는 것이 아니라, 자신이 선택한 삶을 살면서 다양한 스토리를 만들어내야 하는 것 같아요.

dottegi market
도 떼 기 마 켓
dottegi market
SEOUL FASHION WEEK FASHION MARKET

도떼기마켓과 재미있는 사람들
성시호

장터를 만드는 네트워크에서 가장 이목을 끄는 장터를 꼽으라면, 도떼기마켓의 이름은 빠지지 않는다. 도떼기마켓은 2012년 이태원 경리단길에서 시작된 중고의류 벼룩시장이다. 장터기획에서 중고의류는 보통 블랙홀처럼 여겨진다. 장이 펼쳐지는 것만으로도 예술작품을 전시한 것과 같은 효과를 연출하는 수공예 제품과 달리, 중고제품은 어딘가 칙칙하고 그다지 구매욕구가 들지 않을 것 같기 때문이다. 하지만 도떼기마켓의 기획자 성시호 씨는 중고제품이 갖는 매력을 재발견했다. 그는 사람이 재미있으면 사고파는 물건도 재미있다는 것을 발견했고, 본인들에게 쓸모없어진 '재미있는'

물건들을 잔뜩 갖고 있는 사람들을 찾기 시작했다. 직업적으로 상행위를 하는 사람들이 아닌, 중고물건을 거래하고자 하는 일반인들에게 있어 장터에 나오는 것은 그 자체로 가슴 뛰는 놀이다. 그리고 그들이 느끼는 설렘은 장터에 놀러오는 사람들에게도 고스란히 전달되었다. 덕분에 도떼기마켓은 어느 문화장터보다 재미있고 볼거리가 넘치는 문화장터로 성장해 나갔다.

도떼기마켓에서 중고의류라는 콘텐츠가 가진 잠재성을 발견한 성시호 씨는 오프라인 프리마켓에서 나아가 온라인을 무대로 한 중고의류 거래 서비스 플랫폼을 만들기로 했다. 2013년 IT 스타트업 기업인 '유니온풀'이 그렇게 설립되었고, 현재 이곳에서는 15명의 직원들이 중고시장의 대표 서비스를 만들기 위해 고군분투하고 있다.

서울 강남에 위치한 유니온풀 사무실을 방문해, 대안문화장터 기획자에서 IT 스타트업 기업의 CEO로까지 활동영역을 넓힌 성시호 씨의 이야기를 들어보았다.

한정판을 사고 싶어
시작한 벼룩시장

 도떼기마켓은 어떤 장터이며, 어떻게 시작하게 되었나요?

도떼기마켓은 개인들이 가진 중고의류나 잡화들을 사고파는 벼룩시장입니다. 저는 시작부터 지금까지 주도적으로 도떼기마켓을 기획, 운영해오고 있어요. 옷을 취급하는 장터이긴 하지만, 사실 저는 패션을 전공하지도 않았고, 그렇다고 이 분야에 특별한 실무 경력이 있었던 것도 아닙니다.

저는 어렸을 때부터 중고거래를 즐기는 편이었어요. 언젠가 제가 정말 갖고 싶은 '한정판' 제품이 출시되었는데, 당시 학생이었던 저는 그 제품을 사기에는 돈이 부족했죠. 돈을 벌고 싶었지만 아르바이트를 하기에는 시간적 여유가 없었고, 제가 가진 물건 가운데 안 쓰는 것들을 팔아서 돈을 마련하기로 했습니다.

판매할 만한 물건들은 옷이나 잡화 정도였는데, 막상 온라인을 통해 물건들을 팔려고 하니 잘 팔리지 않는 거예요. '중고나라' 등에서 이루어지는 온라인 중고거래의 경우는 보통 당시에 유행하는 품목들이 인기가 많은데, 당시 제가 내놓은 제품들은 유행이 지난 것들이었죠. 그래서 어떻게 해야 팔 수 있을지 고민하다가, 길거리에서 사람들과 직접 만나 팔아보자는 생각이 들었어요. 주변의 친구들에게 같이 벼룩시장을 열어보자고 제안했고, 그렇게 도떼기마켓을 시작하게 되었습니다. 순전히 개인적인 필요에 의해 만들었죠. 그 당시의 이름은 도떼기마켓이 아니라

도떼기시장이었어요.

도떼기마켓은 2012년 10월부터 시작했습니다. 정기적으로 열리는 것은 아니지만, 연 4회 이상, 분기별로 한 번씩 열겠다는 목표로 지금까지 총 12회를 진행해왔어요. 그런데 저희가 온라인 서비스를 준비하면서, 2014년 10월 이후 오프라인 벼룩시장은 잠시 휴식기를 갖고 있으나, 올 가을에 다시 개최될 예정으로 열심히 준비하고 있어요. 기대하셔도 좋습니다.

도떼기마켓이 의류에 주력하는 이유는 무엇인가요?

일단 도떼기마켓이 저의 필요에 의해 생긴 만큼, 우선 저부터 마켓을 통해 입지 않는 의류를 팔고 싶었어요. 실제로 참여하시는 판매자분들의 판매품목 중 가장 큰 부분을 차지하는 것도 의류예요. 이에 더해 대중들의 취향을 반영하려고 노력했고, 그래서 어느 정도 트렌드를 읽을 수 있게 된 것 같아요.

사실 처음에는 옷 말고도 다양한 품목을 시도했어요. 팔찌 등의 핸드메이드 액세서리를 파는 자영업자 개념의 판매자들이 참여한 적도 있었는데, 한 마디로 재미가 없어지더라고요. 사실 그런 제품들은 도떼기마켓이 아니어도 얼마든지 있거든요. 굳이 우리가 그런 품목들을 취급해야 할 필요를 못 느꼈고, '그러면 차라리 재미있는 아이템을 하자'라고 생각했죠. 과연 무엇이 재미있는 아이템일지에 대해 고민한 결과, 답은 결국 옷이었어요.

패스트패션Fast Fashion이라는 말도 있듯이, 요즘 사람들은 옷을 많이 사고 또 많이 버리잖아요. 있어도 또 사고 싶고, 그러니까 지속적인 소비가 가능한 품목이죠. 그렇게 버려지는 옷들이 많을 것이라고 생각했고, 실제로도 그랬어요. 그래서 그런 분들을 위주로 판매자를 모으게 되었죠.

도떼기마켓을 함께 만들어온 동료들은 어떤 사람들이었고, 팀워크는 어땠나요?

다섯 명 정도였는데, 다들 동갑내기 친구들이었어요. 유학 후에 돌아와서 만난 인연들이죠. 우리나라로 돌아온 이후 자전거를 열심히 탔는데, 자전거 덕분에 만나게 된 친구들이에요. 나중에 알고 보니 디자인, 광고, 문화 분야에서 활동하는 친구들이어서 저와 코드가 맞았고, 제가 벼룩시장 얘기를 꺼내자 한 번 해보자고 단번에 합의가 되었어요. 그 중에서 지금은 저만 남아서 도떼기마켓을 이끌어가고 있고, 다른 친구들은 각자 생업에 종사하고 있어요.

함께 도떼기마켓을 기획할 당시에는 동료들 간에 특별히 역할을 구분하지는 않았어요. 만약에 '이번 달에 마켓을 열자'라는 의견이 나오면 일단 다 같이 모여서 콘셉트를 잡았죠. 제가 주도적으로 기획과 홍보를 추진하기는 했지만, 기타 실무적인 부분들은 동료들이 맡아 진행해주었어요. 홍보 포스터 디자인은 디자이너 친구가 담당했고, 인쇄는 광고회사 다니는 친구가 출력해서 다 같이 모여서 붙이는, 그런 식이었죠.

경영학도에서
장터기획자까지

 유학을 다녀오셨다고 했는데, 무엇을 전공했나요?

파슨스 디자인스쿨Parsons School of Design을 졸업했어요. 그렇다고 순수 디자인을 전공한 건 아니고, 디자인&매니지먼트 학을 전공했습니다. 사실 원래는 경영학 전공으로 유학을 계획했고, 처음에는 뉴욕으로 갔어요. 그런데 뉴욕이 워낙 문화, 예술이 발달한 곳이다 보니 그 분야에 눈을 뜨게 된 겁니다. 저도 모르게 제 안에 잠재된 예술적 감성을 찾은 거죠. 그래서 문득 디자인을 해야겠다고 생각했어요. 그래서 이미 결정된 대학입학도 취소하고 디자인스쿨에 입학했죠. 그때는 가족들의 반대도 컸고, 걱정도 많이 하셨어요. 뜬금없이 디자인이라니, 그럴 만도 했죠.

 학교에서 배운 내용이 지금 활동에 도움을 준 부분은?

보통 학창시절에는 졸업 후에 뭘 할지 잘 모르잖아요. 디자인이 좋아서 디자인스쿨에 진학하기는 했지만, 사실 저도 제가 구체적으로 뭘 하고 싶은지는 몰랐어요. 단지 디자인이 좋아서 배우고 비즈니스도 관심 있어 배우긴 했는데, '어디다 써먹지' 하는 의구심은 항상 있었어요. 그런데 막상 회사를 운영하다 보니 그때 배웠던 것들이 많은 도움이 되더라고요.

요즘에는 제품, 서비스 할 것 없이 모든 부분에서 디자인이 굉장히 중요하잖아요. 아무래도 제가 디자인스쿨에서 공부한 것이 디자인 실무

측면에서도 많은 도움이 되고 있어요. 디자이너들과 커뮤니케이션하는 것도 조금 더 수월하고요. 도떼기마켓을 브랜딩하는 것이 상당히 어려웠는데, 기본적으로 배운 것들이 있어 활용할 부분이 많더라고요.

질문 도떼기마켓을 하기 전에는 직장생활을 했나요?

네. 저도 취업 준비생이던 시절이 있었고, 3년 정도 직장생활을 했어요. 처음엔 의료 관련 외국계 기업에 취직했죠. 그런데 저와는 너무 안 맞더라고요. 주위에서 '회사는 다 똑같다', '무슨 일을 하든 다 똑같다', '그 분야에서도 디자인을 써먹을 일이 있을 거다'라고 해서 취직을 하긴 했는데, 외국계 기업이라고 해도 일하는 사람들은 우리나라 사람들이고, 여러 가지로 흥미를 느끼지 못했어요. 결국은 퇴사를 결정하고 '내가 진짜 좋아하는 것이 무엇인가'라는 고민을 계속했죠. 어떻게 보면 그때가 제 인생에서 가장 정신적으로 힘든 시기였던 것 같아요. 수많은 길 중 하나를 선택 또는 개척해야 하는데, 막상 뒤를 돌아보면 낭떠러지밖에 없는 절박한 상황이었어요.

질문 이전에는 경험하지 못한 장터기획을 하면서 겪은 시행착오는?

사실 저는 항상 사람들을 모아 무언가를 같이 하는 것을 좋아했어요. 군대나 유학 시절에도 동아리를 만드는 데 열심이었죠. 그런데 장터를 만드는 건 달랐어요. 제가 모르는 불특정 다수의 사람들까지 초대해야 하는 행사이다 보니, 제 생각만으로는 되지 않는 부분이 많더라고요. 예를 들어, 판매자에게 공지사항이 있을 때, 예산이 충분치 않아 이메일로 진행했어요. 그런데 판매자들 중에는 이메일을 잘 체크하지 않는 경우도 많고, 이메일을 받지 못했다며 불만을 토로하는 경우도 있었어요. 예정된 장터가 우천으로 취소되었다는 내용을 분명히 이메일로 공지했는데, 한 판매자분이 메일을 확인하지 못한 채로 현장에 가 계셨던 거예요. 화가 머리끝까지 나서 '이따위로 할 거면 하지 마라'며 따지시는데, 할 말이 없는 거예요. 그 외에도 실수의 연속이었고 욕도 많이 먹었지만, 그래도 실제 현장에서 고객들과 직접 피부를 맞대고 현실적이고 신랄한 경험을 한 덕에 많이 배우고 성장한 것 같아요.

장터를 만드는 데 가장 중요한 역량은?

사실 저는 아직 깜냥이 안 돼서 역량이라 할 만한 건 잘 모르겠어요. 이벤트를 개최하는 것까지는 누구나 할 수 있다고 생각해요. 요즘은 SNS가 워낙 발달했고, 그래서 많은 사람들이 다 연결되어 있잖아요. 이러한 상황에서 이벤트를 여는 것까지는 간단한데, 문제는 그 다음인 것 같아요. 이벤트를 한 번 열고 나면 분명히 문제점이나 개선해야 할 사항들이 생기는데, 이런 것들을 얼마나 잘 찾고 분석하고 해결하느냐, 또 이렇게 찾은 개선점을 다음 이벤트에 어떻게 반영을 하느냐가 중요합니다. 지속적인 개선이 이루어지면, 사람들도 점점 더 좋아진다는 것을 느끼고 계속 참여하게 되거든요.

사실 이것이 가능하려면 단순히 유행이어서나 재미있어 보여서라기보다는, 하고 있는 일 자체를 정말 좋아하는 마음으로 해야 한다는 느낌이 강하게 들더라고요. 정말 좋아하지 않으면 보이지 않는 것들, 놓치는 부분들이 많을 수밖에 없어요. 예를 들어 이런 일이 있었어요. 판매자 한 분이 오셨는데, 물건을 굉장히 많이 사셨어요. 저희는 돈이 없다 보니까 비닐봉투를 조금밖에 준비하지 못했는데, 봉투를 여러 개 받아 가시더라고요. 사소한 것일 수 있지만, 저희로서는 비용 면에서 낭비가 되는 거죠. 이런 것들을 하나하나 놓치지 않는 것은 자신이 하는 일에 대한 애정이 없다면 어렵죠.

재미있는 사람은
중고품도 재미있다

 친구들끼리 모여 시작한 도떼기마켓이 많은 사람들에게 사랑받는 중고의류 벼룩시장으로 자리 잡게 된 과정은 어땠나요?

처음 도떼기마켓을 열었던 곳은 경리단길 옆에 있는 좁은 골목이었습니다. 지금은 유명해져서 많은 사람들이 찾는 곳이지만, 당시만 해도 매우 한산하고 유동인구도 별로 없는 곳이었어요. 처음부터 장기적 관점에서 도떼기마켓을 시작한 건 아닌데, 의외로 첫 회부터 반응이 좋아서 계속하게 되었죠. '또 안 하냐'는 문의가 쇄도했거든요. 그렇게 경리단길에서 다섯 번의 도떼기마켓을 열 때까지만 해도 제게 도떼기마켓은 그냥 취미생활 그 자체였어요. 그 이상도 이하도 아니었죠. 오히려 저보다 친구들이 더 즐거워하고 즐겼어요. 하루 종일 웃고 떠들고 풍요롭게 놀 수 있는 시간이었고, 실수가 있어도 대충 눈감아주는 시절이었어요.

그러던 중, '2014 S/S 서울패션위크'에서 개최될 벼룩시장을 담당해서 기획해보지 않겠냐는 제안을 받았어요. 사실 그 전에도 사람들에게 많이 알려지고 방문객도 많아지다 보니까, 좀 더 큰 공간에서 하고 싶다는 생각이 있었거든요. 그런데 마침 기회가 주어졌고, 그렇게 6회 도떼기마켓은 여의도의 IFC몰이라는 대중 공간에서 진행하게 되었죠. 예상 외로 반응이 굉장히 좋았어요. IFC몰 앞의 큰 길에 벼룩시장 구획이 있었고, 그곳에는 저희 말고도 모 대기업의 브랜드 상설 할인판매 공간이 있었어요. 그곳은 파리가 날릴 정도로 한산했는데, 저희 도떼기마켓에는 공간이 미어터질 정도로 북적였죠.

서울패션위크의 부대행사이다 보니 기본적으로 패션업계 분들이 많았고, 장소가 IFC몰이었던 만큼 유동인구도 굉장히 많았습니다. 게다가 SNS에서 도떼기마켓이 열린다고 홍보도 많이 했어요. 도떼기마켓이 새로운 곳을 진출했다는 것만으로도 굉장한 일이었죠. 그런데 이걸 알고 일부러 찾아오신 분들도 많았고, 패션 관계자나 외국인들도 좋은 반응을 보였어요. 실제로 거래도 굉장히 많이 이루어졌고요. 무엇보다 판매자들이 즐거워하는 모습을 보고, '이건 진짜 계속 해야겠다'는 생각이 들었죠. 모두가 즐거워하는 장터를 운영하는 것에 대한 사명감 같은 걸 느꼈다고 할까요.

처음으로 경리단길을 벗어나 도떼기마켓을 열었다는 점에서, 6회 도떼기마켓은 저희에게 터닝포인트가 되었어요. 그 후로 도떼기마켓은 장소를 바꿔가면서 여러 곳에서 열었죠. 그렇게 '매번 새로운 장소에서 열리는 벼룩시장'이 어느 샌가 도떼기마켓의 콘셉트가 되었습니다.

사실 프로그램이라고까지 생각한 것은 아니었어요. 처음에는 벼룩시장에만 집중했는데, 그러다 보니까 사람들이 많이 모이는 거예요. 그렇게 많은 사람들이 모이는데 단순히 옷만 사고파는 게 어느 순간 무미건조하게 느껴지더라고요. 사람들이 많이 모이니까 뭔가 재미있는 걸 할 수 있을 것 같았고, 여기에 문화적인 콘텐츠를 넣어보고 싶다는 생각이 들었어요. 제가 관심이 많은 분야이기도 했고요. 그게 시작이었던 거죠. 디제잉 외에도, 기존의 음식점에서 팔지 않는 특이한 음식들을 파는 먹거리 코너도 만들었어요. 그림을 그리거나 공연을 하는 등의 퍼포먼스도 진행했고요. 이러한 것들이 도떼기마켓에 문화 콘텐츠로서 자연스럽게 녹아들어간 것이죠.

이렇게 본격적으로 문화 프로그램들을 결합해서 장터를 연 것은 10회 때였습니다. 10회 도떼기마켓은 양평동에 있는 공장 건물에서 굉장히 빈티지한 분위기로 진행했어요. 개인적으로 그런 콘셉트를 좋아해서 고른 장소였는데, 반응이 매우 좋았어요. 그때도 하나의 터닝포인트가 되었던 것 같아요. 이전까지의 도떼기마켓이 그저 아기자기한 분위기에서 열리는 조용한 벼룩시장이었다면, 그때부터 처음 디제잉을 진행하는 등 문화적으로 즐길 수 있는 행사가 되었거든요. 그 때문인지 그곳은 유동인구가 거의 없는 지역인데도 불구하고 수천 명의 사람들이 찾아왔어요.

일반적으로 생각하는 벼룩시장은 아파트 부녀회나 종교단체에서 여는 '헌옷 나눔' 개념의 행사잖아요. 그럼에도 벼룩시장으로 콘텐츠를 특화시킬 수 있었던 이유는 무엇이었을까요?

일단은 도떼기마켓 자체가 제 필요와 목표에 의해 시작된 장터라는 거예요. 제가 팔고 싶은 물건이 있었던 것처럼, 분명히 저와 비슷한 처지의 사람들이 있다고 생각한 거죠. 그런데 단순히 아무 옷이나 받아 팔기에는 찾아오시는 분들이 재미를 느끼지 못할 수 있다고 생각했어요. 냉정하게 말하자면, 부녀회원들이 헌옷을 모아 내놓아도 사람들은 별로 관심이 없죠.

그래서 저희는 젊은 층 위주로 판매자를 선정해요. 그리고 판매자 신청을 받을 때, 신청서에 기재되는 판매물품들에 대해 굉장히 자세한 내용을 요구합니다. 그렇게 받은 신청서를 갖고 그들 각자가 어떤 스타일의 사람들인지 파악하는 거예요. 그러면 그 사람들이 판매할 물건에 대해서도 어느 정도 그림이 나옵니다. 이렇게 판매자를 선정하는 기준을 강화하면 자연스럽게 물품의 개성과 수준도 좋아지죠. 결국 그렇게 다른 벼룩시장과 차별성이 생기고, 도떼기마켓만의 색깔을 갖게 된 것 같아요.

그러다 보니 한 번 오신 분들도 '도떼기마켓에 가면 재미있고 트렌디하고 좋은 물건들이 있다'고 느끼고, 나중에는 입소문을 타서 새로운 분들도 많이 찾아왔죠. 그렇게 자연스럽게 도떼기마켓의 주체가 20~30대의 젊은 연령층으로, 그 특유의 분위기를 좋아하시는 분들로 형성된 것 같아요.

 중고 벼룩시장으로서의 도떼기마켓의 역할은?

중고의류를 팔고 싶어 하는 사람들을 판매자로 모아 보면, 보통 90% 이상이 일반인들이에요. 그리고 그분들이 아마추어이기 때문에 도떼기마켓이 재미있는 겁니다. 죄송한 말씀이지만, 전문적인 판매자들이 벼룩시장에 있으면 식상해요. 제품도 비슷비슷하고, 사실 어딜 가나 그런 분들은 만날 수 있으니까요. 게다가 전문 판매자들은 참가할 수 있는 벼룩시장도 많고 쇼핑몰 사이트를 만드는 등 판매 루트도 다양합니다. 하지만 일반인들은 자신들의 중고의류를 판매할 경로가 거의 없거든요. 도떼기마켓은 그런 분들에게 새로운 판매 루트를 제공해 드리고 싶어요.

 재미있게 놀면서 도떼기마켓을 만들었다고 했는데, '재미있는 장터'란 무엇일까요?

워낙 핫한 아이템이다 보니 벼룩시장을 만드시는 분들이 굉장히 많아요. 하지만 막상 가보면, 생각보다 재미없는 경우가 대부분이죠. 도떼기마켓 같은 경우는, 이태원 우사단 마을의 계단장이나 방물단의 달시장처럼 성공적으로 자리 잡은 벼룩시장만이 가지는 고유한 색깔이 있어요. 성공한 장터들 속에는 각각의 장터에 대한 강한 애착을 가진 장터기획자들이 있고, 계속해서 새로운 재미를 담으려고 노력하는 과정이 있죠. 그렇게 만들어진 장터야말로 다른 장터와 차별되는 좋은 장터가 되는 것 같아요.

 페이스북 등 SNS를 통해 많은 사람들에게 알려졌는데, 도떼기마켓에
SNS가 갖는 의미는?

SNS상에는 많은 사람들이 있어요. 더군다나 페이스북의 경우는 20~30대 이용자들이 많다는 점에서, 도떼기마켓이 유치하고자 하는 판매자가 많은, 잠재력이 무궁무진한 공간이기도 하죠. 대상을 특정해서 홍보할 수 있다는 점에서도 매우 유용한 도구입니다.

도떼기마켓이 페이스북을 통해 유명해지긴 했지만, 저희는 SNS를 단순히 홍보수단으로 이용한 것은 아닙니다. 사람과 사람이 서로 소통하는 장으로 활용했죠. 그런 의미에서 소통을 얼마나 잘 하느냐의 문제 또한 중요한 점인 것 같아요. 만약 오프라인에서도 충분히 소통이 이루어진다면 꼭 SNS를 활용하지 않아도 되겠지만, 오프라인과 온라인이라는 각각의 공간에서 가능한 소통방법은 분명 많은 차이와 장단점이 존재한다고 생각합니다.

 도떼기마켓을 운영하면서 힘들었던 점이 있다면?

사실 벼룩시장 자체만 놓고 보면 큰 어려움이 없었습니다. 제가 생각해도 신기할 정도죠. 그래도 굳이 꼽자면, 초기에는 많지 않은 인원으로 운영하다 보니 육체적으로 힘든 부분은 있었어요. 도떼기마켓에서는 판매자들에게 테이블과 의자 등 필요한 물품 일체를 제공했고, 판매자들은 팔 물건만 가져와서 판매하기만 하면 되도록 하는 구조였기 때문에 준비할 일이 많았죠. 마켓을 한 번 치르고 나면 마치 마라톤을 완주한 것처럼 몸이 파김치가 되었어요.

도떼기마켓을 함께했던 동료들과의 팀워크는 아주 좋았어요. 불협화음 하나 없을 정도로 호흡이 잘 맞았죠. 그래서 모든 일이 톱니바퀴 돌아가듯이 잘 진행되었어요. 물론 도떼기마켓은 저의 주도로 시작되었기 때문에 제가 리더로서 이끌어야 할 부분이 있었지만, 어쨌든 다들 동갑내기들이다 보니 딱히 리더십이 필요하지는 않았어요. 각자의 파트에서 자기 역할을 잘 해주었고, 그런 점에서 친구들에게 항상 감사하게 생각합니다.

장터를 운영하면서 외부와의 파트너십은 어떻게 형성되었고, 파트너들과는 어떤 교류가 이루어졌나요?

지금까지 대부분의 경우는 파트너십이라기보다 일시적인 협업에 가까웠습니다. 어떤 곳에서 어떤 이벤트가 있는데, 같이 한번 해보자는 식이었죠. 서울패션위크 행사와 함께 열린 6회 도떼기마켓도 제안으로 시작했고, 광화문에서 열린 도떼기마켓의 경우는 방물단에서 먼저 제안해주어 진행했죠. 방물단이 다양한 장터 프로젝트를 추진할 기획력을 가졌다면, 저희는 재미있고 많은 판매자들을 모을 능력이 있기 때문에, 서로 적극적으로 협업할 수 있었죠.

장터에서 발견한
콘텐츠의 힘

질문 도떼기마켓 온라인 서비스를 제공하는 유니온풀은 어떤 기업인가요?

유니온풀은 2013년에 설립된 IT 스타트업 기업이에요. 도떼기마켓 애플리케이션을 개발해 2014년 여름 서비스를 내놓았습니다. 그 앱은 3~4개월 정도 운영했는데, 비전이 보이지 않아 서비스를 접고, 새로 개발한 도떼기마켓 서비스를 2015년 2월에 출시해 서비스하고 있습니다. 현재 직원 수는 인턴사원을 포함해서 15명이고요.

질문 온라인 사업을 추진하면서 도떼기마켓의 수익모델을 찾게 된 계기는 무엇인가요?

도떼기마켓은 애초부터 수익모델을 염두에 두고 만든 이벤트는 아니었습니다. 단지 제가 좋아했고 참여하는 사람들도 즐거워했기 때문에 지속되었죠. 회를 거듭하면서 점점 마켓에 대한 애착이 커졌어요. 어떻게 더 좋은 도떼기마켓을 만들 수 있을지에 대해 고민했고, 그러다 보니 여러 문제점들이 보이기 시작하더라고요.

판매자들은 각자 팔 옷들로 가득 채운 트렁크를 두세 개씩 가져와서 7~8시간씩 땡볕 아래 앉아 옷을 팔고는 남은 옷들은 다시 가져가야 합니다. 서울 지역에서 열리는 벼룩시장의 경우는 지방에 사는 사람들이 참여하기도 어렵고요. 또한 야외에서 열리다 보니 아무래도 날씨의 영향을 많이 받기도 하죠. 사람들이 벼룩시장을 통해 판매하고 구매하고

자 하는 요구는 강했지만, 오프라인이라는 태생적 한계 때문에 여러 부분에서 제약이 많았습니다.

그러던 중 온라인으로 눈을 돌렸는데, 기존의 온라인 중고거래에도 문제나 불편한 점이 매우 많았습니다. 판매할 물품의 사진을 찍어 올려야 하고, 직접 홍보도 해야 하고, 구매자를 직접 찾아내야 하고, 직거래를 할 경우에는 상대방이 약속을 안 지킬 수도 있고, 택배를 이용하면 배송에 문제가 생길 수도 있죠. 구입자 측면에서 보면 사기의 위험도 크고요.

이런저런 문제들에 대해 고민하다가 완전히 새로운 중고거래 서비스를 만들어서 이 모든 문제를 해결하자는 생각을 하게 되었습니다. 오프라인에서 도떼기마켓을 지속하면서 온라인 서비스를 통해 문제해결을 하는 동시에 수익모델을 찾을 수 있을 거라는 생각이 들었죠. 도떼기마켓의 목표에 '중고거래의 불편함을 해결하고 혁신적인 편리함을 제공하자'가 추가된 것입니다.

질문 도떼기마켓의 온라인 서비스 플랫폼을 만들면서 겪은 시행착오와 개선과정은 어땠나요?

2014년 여름에 처음 출시한 앱은, 오프라인에서의 개인간 중고거래를 온라인으로 그대로 옮겨놓은 서비스였어요. 온라인상에서 중고거래의 장을 제공하고, 판매자들에게 거래수수료를 받아 수익모델을 얻고자 했죠.

기획 단계에서는 중고거래 분야에서 혁신적인 서비스가 될 것이라고 생각했는데, 그건 저희의 희망일 뿐이었어요. 막상 출시를 해놓고 보니 비슷한 서비스가 있었고, 나름 차별화를 추구하긴 했지만 실질적으로 사용자들이 불편해하는 것들을 해결하지는 못했어요. 사용자들은 거래를 위해 여전히 일일이 상대방과 소통해야 했고, 사기의 위험은 줄지 않았고, 수수료에 대한 거부감도 있었죠.

결국 완전히 새롭게 접근해야 했습니다. 이런 문제를 근본적으로 해결할 방법은 뭐가 있을까 고민했고, '회사가 직접 물건을 사서 팔면 되지 않을까'라는 생각을 했어요. 어쨌든 유니온풀은 기업이니까 개인보다는 안전하니, 중고의류를 매입하거나 위탁받아 관리하고 구매자에게 다시 팔자는 생각을 한 거죠. 그렇게 현재의 서비스가 나오게 되었습니다.

기존 앱이 C2C^{Consumer to consumer} 방식의 거래였다면, 현재 도떼기마켓은 C2B2C^{customers to business to consumer} 형태입니다. 즉, 소비자들 사이에서 에이전트 역할을 하며 물건을 매입하거나 위탁받아 대신 판매하는 것입니다. 올 2월에 판매자들의 물품을 매입하는 서비스를 시작했고 5월 중순부터는 매입한 물건을 판매하는 쇼핑 서비스를 시작했습니다.

질문 수익구조는 어떻게 만들어지고 있나요?

물론 저희가 설정한 목표에는 아직 많이 못 미치지만, 모든 지표가 매우 빠른 속도로 성장하고 있습니다. 예상보다 이용자들의 반응이 좋습니다. 특히 매입 서비스에 대한 반응이 긍정적이에요. 회사 내에 매입한 상품에 대한 검수와 가격책정을 담당하는 패션 MD 팀이 있거든요. 그분들은 지금 일손이 부족해서 거의 매일 야근하면서 일하고 있습니다. 쇼핑 쪽은 지속적으로 고도화 작업을 하고 있는 상태이고요.

청년창업에서
기업 대표가 되기까지

 처음 사업하면서 기업의 대표로서 느낀 점은 무엇인가요?

하고 싶은 일을 위한 서비스를 구상하고 추진하는 일은 정말 재미있어요. 그런데 회사를 운영한다는 것은 그게 다가 아니었죠. 할 게 너무 많았습니다. 재무, 인사, 노무 등등. 항상 좋아하는 일만 할 수는 없고, 좋아하는 일을 하려면 어느 정도의 희생이 필요하다는 것을 알았습니다. 도떼기마켓이라는 큰 그림을 가지고 회사를 유지하기 위해서는 필수적인 부분이 있고, 이를 충족하기 위해서는 많은 노력이 필요하다는 것을 느꼈어요. 그래서 주경야독하면서 열심히 공부하고 있습니다.

 유니온풀의 구성원들과 팀워크를 만들어온 과정은 어땠나요?

회사를 설립한 직후에는 팀원이 한 명밖에 없었어요. 저 혼자 운영하고 고용하기가 쉽지 않아서, 처음에는 도떼기마켓을 같이 시작했던 친구들이 많이 도와주었습니다. 회사에 인력이 없다 보니 자주 부탁을 했죠. 그 친구들도 자신들이 만들어낸 도떼기마켓에 대한 애착이 있었기에 흔쾌히 도와주었습니다. 그래서 회사설립 이후로도 한동안 많은 도움을 받았어요.

사실 제가 유니온풀을 만든 이유는 도떼기마켓의 목표를 이루기 위해서였는데, 당연히 저 혼자만으로는 모두 다 잘할 수 없었고 각 분야의 전문가들의 힘이 필요했어요. 그런 분들과 함께하기 위해서는 조직이 필요했고, 결국 유니온풀을 설립했죠.

회사를 만들고는 실력 있고 마음 맞는 팀원을 모으는 게 가장 어려웠어요. 이 부분에서 가장 많은 비용과 시간이 소모되었죠. 현재 15명의 팀이 되기까지 거의 2년 가까운 시간이 걸렸습니다. 지금의 팀이 우리나라 최고라고 할 수는 없겠지만, 최소한 여느 스타트업보다 강한 열정과 뚜렷한 목적의식을 갖고 열심히 일하고 있다고 생각해요.

직장인으로 살다가 사업가가 된 이후 느끼는 차이가 있다면?

급여를 받는 것과 급여를 주는 것은 당연히 많은 차이가 있죠. 취업에서 창업으로 진로를 바꾸기까지 어떤 갈등이 있었다기보다는, 그저 멋도 모르고 선택한 것 같습니다. 그런데 조직의 규모를 떠나 기업을 운영한다는 것 자체가 굉장히 힘든 일이더라고요. 체력적으로도 많이 부치고, 경험이 많지 않다 보니 크고 작은 어려움을 겪기도 하고요. 그래도 제가 좋아하는 일이고 목표가 있으니까, 그것이 이 일을 계속하는 원동력이 되는 것 같아요.

만약에 제가 회사를 만들기 전에 유니온풀의 대표로서 제게 닥칠 일들을 미리 알았다면, 아마 회사를 만들지 않았을 수도 있어요. 회사를 경영한다는 건 그만큼 어렵고 힘든 일이에요. 무식하니까 용감하다는 말처럼, 과거의 저는 앞으로 펼쳐질 일들에 대해 몰랐고, 그래서 창업이 가능했어요. 어떻게 보면 다행이라는 생각도 듭니다. 어쨌든 궁극적으로는 좋아하니까, 목표와 열정이 있으니까, 지금 이 일을 계속할 거예요. 또 앞으로도 열심히 해야죠. 15명의 팀원들이 저를 바라보고 있잖아요.

최고의 중고거래를 꿈꾸는
도떼기마켓

 앞으로 유니온풀이 나아갈 방향은?

현재의 유니온풀은 C2B2C의 형태로 중간 에이전트의 역할을 하며 소비자들의 중고거래를 돕고 있어요. 하지만 도떼기마켓의 궁극적인 목표는, 처음부터 저희가 풀고자 했던 문제점, 즉 개인간 거래의 불편함을 해결하고 혁신적인 편리함을 제공하는 것입니다. 그런 의미에서 P2P^{peer to peer} e-커머스 쪽으로 서비스 확장을 계획하고 있어요. 개인들이 도떼기마켓에 와서, 온라인상에서 팔고 싶은 물건들을 지금보다 훨씬 편하게 팔고, 구매자 입장에서는 훨씬 편하고 안전하게 물건을 사는 서비스를 만드는 것이 목표 중 하나입니다.

 온라인 서비스와 더불어, 오프라인 도떼기마켓은 어떤 역할을 할 수 있을까요?

그 부분에 대해서도 많은 고민을 하고 있습니다. 온·오프라인을 연결하는 고리는 굉장히 많죠. 온라인 서비스가 나왔다고 해서 갑작스럽게 오프라인 도떼기마켓의 성격을 바꿀 생각은 없어요. 기존에 운영하던 방식대로 일반 판매자들이 와서 장터를 열고 거래하는 기본적인 틀은 계속 유지하려고 해요. 다만, 오프라인 도떼기마켓에 참여했던 사람들이 현장에서 가진 느낌과 경험을 온라인에서도 계속 가지도록 하고 싶어요. 도떼기마켓이 지금까지 온 것은 사실 저희가 특별히 잘했다기보다는 찾아오신 분들이 사랑해주고 입소문을 내주셨기 때문이죠. 무엇보다도 도뗴기마켓을 처음 열 때의 초심을 잃지 않으려고 합니다.

스타트업 기업으로서 동종업계 사업가들과의 교류는 어떻게 이루어지고 있나요?

관련된 자리라면 가능한 한 많이 참석하려고 합니다. 패선업계에도 스타트업이 많은데, 그 쪽에서도 저희에게 많은 관심 가져주고 있어요. 사실 유니온풀이 패션 스타트업은 아니죠. 단지 의류 및 패션 잡화를 다루고 있다 보니 패션업계 분들과 시장동향에 대해 많은 이야기를 나누고 있습니다.

반면에 중고거래 업계와는 아직 많은 교류가 이루어지고 있진 않습니다. 요즘 배달업계는 새로운 형태의 비즈니스 모델이 등장해 자리 잡고 있죠. 그런데 시장 규모로 따지면 중고시장이 훨씬 더 큽니다. 배달업계는 10조 원 규모인 데 비해 중고시장은 약 18조 원 이상이니까요. 그런데도 중고시장에는 아직 뚜렷한 비즈니스 모델을 갖고 업계를 이끄는 기업이 많지 않다 보니 네트워킹도 제한적일 수밖에 없는 것 같아요.

유니온풀이 바라보는 중고의류 시장의 가치는?

저희가 집중하는 부분 중 하나는 먼저 중고의류에 대한 사람들의 인식을 바꾸는 것입니다. 국내 중고시장이 가진 잠재성은 굉장히 크지만 선진국과 비교하면 아직 초기단계라고 생각해요. 중고의류에 대한 사람들의 인식이 그렇게 좋은 편도 아니고요. '남이 입던 옷을 입는 것'에 대한 부정적 인식이 강하죠. 그래서 올해 저희는 단순히 제품을 많이 파는 것도 중요하지만, 이러한 시장의 인식을 바꾸고 서비스의 타당성과 유용함을 알리는 데 초점을 맞추려고 합니다.

지금까지의 경험에 비추어, 창업이나 취업을 앞둔 청년들에게 조언을 한다면?

조언을 할 연륜은 아직 안 되지만 제 경험을 말씀 드릴 수는 있겠네요. 아는 동생들이나 혹은 면접 보러오는 분들과 얘기를 하다 보면 지금 하는 일에 만족을 못 하거나, 학교를 왜 다니는지 혹은 공부를 왜 하는지 알지 못하고 하기 싫다는 분들이 많아요. 여러 이유가 있겠지만, 대부분 자기가 진정 뭘 하고 싶은지 모르기 때문이라고 생각해요.

일단 하고 싶은 것이 무엇인지 아는 일이 가장 중요한 것 같아요. 돈을 벌기 위해 무턱대고 창업이나 취업을 하기 전에, 끊임없이 스스로 대해 고찰하는 게 좋겠죠. '내가 정말 잘하고 즐길 수 있는 것이 무엇일까?'에 대해 탐구하고 찾아내고 실행하기를 반복하면서 진심으로 하고 싶은 일을 찾아내는 과정이 필요합니다. 저는 이 과정 자체가 정말 고귀하다고 생각해요. 그리고 이에 대한 답을 찾아냈을 때, 곧장 과감하게 움직이는 실행력이 있어야 되는 건 기본이고요. 저 또한 그렇게 도떼기마켓을 시작했고 창업했어요.

그렇게 자신이 좋아하는, 진정으로 하고 싶은 일을 찾으면, 과거에 고민했던 것들도 빛을 발할 수 있어요. '내가 지금 이걸 왜 하고 있지?'라거나 '이걸 왜 배우고 있지?'라는 질문들이 그때 가서 해답을 얻을 수 있

죠. 물론 열 가지를 배웠다고 해서 그게 다 쓸모 있는 것은 아니겠지만,
마치 사막의 오아시스처럼 열 중에 하나가 빛을 발하게 되는 거죠. 마
음속으로 무릎을 탁 치며, '아, 그때 배웠던 그게 이렇게 도움이 되는구
나!' 하고요.

사회적 경제와 함께 성장한 방물단
인 재 명

사회적 기업 '방물단'은 2012년부터 '영등포 달시장'의 운영을 맡으면서 시작된 청년기업이다. 사람들의 만남을 통해 문화를 창출하고 공존의 가치를 나누는 장터를 추구하는 방물단은 영등포 달시장을 비롯해, 헬로우 문래, 광화문 사회적 경제 장터, 시민야시장 '마켙' 등 다양한 장터기획에 주도적으로 참여해왔다.

방물단의 대표는 아직 20대의 저력 있는 청년 인재명 씨로, 그는 2012년 씨즈^{청년 사회적 기업가 지원단체}와 하자센터^{서울시립 청소년직업체험센터} 의 사회적 기업가 육성사업을 통해 영등포 달시장 기획팀의 구성원이 되었다. 그후 그는 사회적 기업으로 발전한 방물단을

4년 동안 이끌면서 서울 시내 곳곳을 무대로 다양한 장터들을 만들며 종횡무진 활동하고 있다.

인재명 대표의 성장 이야기에는 '청년 등 사회적 기업가 육성사업'으로 대표되는 인큐베이팅 기관의 역할이 깊게 배어 있다. 인큐베이팅 과정을 마친 후 그가 진행한 수십 건에 달하는 프로젝트와 그 과정에는 지역과 마을, 그리고 청년들을 위한 지지대를 세우고자 하는 많은 사람들의 노력과 의지가 담겨 있다. 그의 성장은 이 같은 사회적 경제의 선한 의지들을 씨실과 날실을 엮듯 연결하며 한 걸음씩 나아가는 방식으로 이루어져왔다.

2015년 2월의 어느 날, 영등포구에 위치한 하자센터에서 그를 만났다. 공간 한 쪽에 마련된 탁구대에서는 쉬는 시간을 활용해 사람들이 탁구를 치고 있었고, 1층 카페에 모여 담소를 나누는 주민들의 모습도 인상적이었다. 그가 웃으며 건넨 명함에는 큰 글씨로 '봄봄'이라는 예명이 적혀 있었다. 봄을 바라본다는 의미를 담은 봄봄. 그가 바라보고 있는 장터, 방물단, 그리고 그 자신의 봄에 대한 이야기를 들어보았다.

문화로 여는
지역 장터

 방물단에 대한 소개를 부탁드리겠습니다.

방물단은 올해로 4년차를 맞은 예비 사회적 기업입니다. 그러고 보니 상당히 오래되었네요. 저희는 '장터를 통해서 사람과 사람을 잇다'라는 슬로건을 가지고 도심 속에서 지역주민과 함께 만들어가는 마을장터를 비롯해 다양한 대안 문화장터를 기획하고 운영하고 있습니다.

지난 4년간 80~90회에 이르는 대안 문화장터를 만드는 일을 했어요. 주로 서울시를 거점으로 활동했는데, 근래 들어서는 경기도 지역으로 확장을 시도하고 있고요. 또 장터뿐만 아니라 공공장소에서 시민을 위한 문화행사 기획도 겸하여 진행하고 있습니다.

 최근 3~4년 사이에 문화장터가 붐처럼 확산되고 있는데, 방물단이 처음 만들어졌을 때는 어땠나요?

홍대 희망시장이 문화장터 중에서는 가장 오래되었다고 할 수 있습니다. 2002년에 만들어졌으니까요. 그때만 해도 작가들이 손으로 만든 물건, 그러니까 수공예품을 만날 수 있는 장터라는 사실만으로도 문화적으로 색다르게 보이는 부분이 있었어요. 그런 의미에서 홍대 희망시장은 수공예 제품의 열풍을 이끈 선두주자라 할 수 있죠. 하지만 같은 모델이 다양한 지역으로 확산되는 데는 어려움이 있었어요. 유동인구 때문이죠. 기본적으로 수공예 작가들은 제품을 생산하고 판매해 생활을 영

위해야 합니다. 이게 가능하려면 유동인구가 충분한 곳에서 장터가 펼쳐져야 해요. 홍대 앞처럼 말이죠.

그런데 저희가 유동인구가 많지 않은 곳에서도 장터를 성공적으로 만들 수 있다는 것을 증명한 것 같습니다. 영등포 달시장이 대표적입니다. 영등포 달시장이 처음 만들어졌을 때, 사람들이 반대를 많이 했다고 합니다. 달시장이 열리는 하자센터의 주차장은 평소 관계자 외에는 거의 오가는 사람이 없는 공간이었거든요. 그런데 막상 장터가 열리자 거짓말처럼 지역주민들이 모여들기 시작했어요. 1,000~2,000명가량의 주민들이 매달 달시장을 찾았고, 이를 통해 우리는 지역민들이 지역문화에 대한 욕구가 크다는 것을 알게 되었습니다. 문화장터는 지역주민들의 문화에 대한 욕구를 충족시키는 이벤트로서의 가능성을 지녔고, 이는 달시장을 통해 현실화되었죠.

유동인구가 많은 곳에서 펼쳐지는 장터는 비용이 많이 들지 않습니다. 판을 깔기만 해도 효과적인 콘텐츠가 되거든요. 하지만 저희는 지역주민들에게 문화서비스를 제공하는 측면이 있었기 때문에, 비용을 들여 공간을 구성하고 프로그램도 채워 나가죠. 이런 부분에서 지역 자치단체와 공동 프로젝트를 진행하는 경우가 많은데, 이것이 방물단의 가장 중요한 사업 모델입니다. 행정과 함께 지역문화를 만들어가고 보급한다는 것이 다른 장터기획단과 차별성을 갖는 지점인 것 같습니다.

질문 콘텐츠에 있어서 방물단의 차별성은?

영등포 달시장 안에는 여러 테마의 소규모 장터들이 있습니다. 달시장이 문화장터의 시작점에 있었기 때문에, 장터 속의 콘텐츠 보급에 영향을 많이 주었다고 생각합니다. 다양한 장터들이 각각의 특색을 갖고 있고, 또한 복제가 많이 되고 있어 흡사한 면이 있긴 합니다. 여기서 우리 방물단만의 특색이라면, 다양한 테마를 소화하는 능력인 것 같네요.

예를 들면, 이주 노동자를 위한 시민운동을 하는 단체가 있습니다. 이런 시민단체가 장터형 축제를 만들고 싶어 하면, 저희는 그에 맞는 장터를 구성합니다. 장터에서 물건을 파는 사람들 중에는 세계 각국의 특색 있는 수공예품을 만드는 사람들이 많고, 공연단이나 음식 등 이주노동자를 콘셉트로 한 콘텐츠도 많거든요. 혹은 마을이라는 콘셉트, 환경이라는 콘셉트, 도시농업이라는 콘셉트 등, 그동안 방물단이 소화한 콘셉트가 아주 많습니다. 기획력이 부족한 단체에서 저희에게 특정 콘셉트의 장터를 요청하면 저희가 함께 만드는 거죠. 다시 말해, 방물단은 장터라는 매개체를 통해 지역과 마을의 콘셉트에 맞게 사람과 사람을 연결해주는 거죠. 이게 우리의 주요한 사업 모델이라 할 수 있습니다.

사회적 기업가를 꿈꾸며
상경한 청년

질문 처음 방물단의 일원이 되기까지의 과정이 궁금합니다.

저는 대학시절까지 대전에서 생활했어요. 토목공학을 전공했는데, 졸업을 앞둔 시기에 여느 친구들처럼 취업에 대한 고민이 많았습니다. 한편으로는 '공동체적인 삶'에 대해 관심을 갖게 되면서, 이곳저곳에서 열리는 관련 강의나 세미나에 참가하거나 실험적 공동체들을 직접 찾아가기도 했죠. 저는 관심 분야가 생기면 직접 찾아가서 눈으로 확인해야 직성이 풀리는 성격이거든요.

취업에 대한 압박감과 막연하게 공동체적인 삶을 살고 싶은 바람 사이에서 고민하던 중, 우연한 기회로 국내 자영업자의 현실을 다룬 ≪골목시장 분투기≫의 저자 강도현 씨의 강의를 들었습니다. 강의내용은 사회적 기업에 대한 것이었는데, 강의를 듣고 난 후 문득 '사회적 기업을 창업해보고 싶다'는 생각이 들었죠. 사회적 기업에 관련해서 좀 더 알아보고 싶었지만 대전 지역에서는 여러모로 한계가 있었고, 대학을 졸업한 2012년 무작정 서울로 상경했습니다. 그러고는 씨즈와 하자센터에서 진행하는 예비 청년 사회적 기업가를 위한 프로그램 '동료를 찾아서'에 참여하면서 저와 비슷한 생각을 가진 동료들을 만났죠. 마침 하자센터에서 2012년부터 영등포 달시장을 새로이 운영할 기획팀 '방물단'을 모집하고 있었고, 기꺼이 합류했습니다.

사회적 기업가이자 문화기획자의 길을 선택하면서 겪은 어려움은?

가족과의 갈등이 있었어요. 이미 취업이 내정된 직장이 있었는데, 갑자기 사회적 기업을 창업한다고 하니 부모님의 반대가 심했죠. 6개월 동안 아버지를 설득했는데, 어디 그게 통하나요. 아버지가 보시기에는 철이 없었겠죠. 그래서 막무가내로 재정적 독립을 선언하고는 무작정 서울로 상경했습니다. 그렇게 올라오고 보니 무척 힘들더라고요.

왜 이렇게 청년들의 고달픈 삶이 사회 이슈가 되는지를 서울에 오고 나서야 알았어요. 고집스럽게 부모님의 반대도 무릅쓰고 제 길을 가겠다고 선언하긴 했지만, 서울에서 당장 할 수 있는 일이라곤 아르바이트밖에 없었죠. 카페에서 아르바이트를 하면서 생활비를 아끼기 위해 친구와 함께 좁은 원룸에서 살았어요. 두 사람이 팔도 제대로 뻗지 못한 채 잠을 잤는데, 당시에는 발 뻗고 편하게 잠자는 것이 소원일 정도였어요.

그 와중에 아버지는 저를 위해 직장을 알아보고 계셨고, 내정된 일이 있으니 내려오라고 종용하셨어요. 그때 마음이 잠깐 흔들리긴 했어요. 그래도 고집이 있으니까, 어떻게든 버틸 만큼 버텨보자고 생각했습니다. 그러던 중에 인연이 닿아 하자센터의 달시장 기획팀에 들어오게 되었는데, 어떻게 생각하면 운이 좋았던 것 같기도 합니다.

질문 달시장의 운영을 시작으로 한 방물단의 탄생스토리가 궁금합니다.

제가 방물단에 합류하기 이전에, 이미 영등포 달시장은 2011년 하자센터 주관으로 시작되었습니다. 고용노동부와 영등포구의 예산 지원을 통해 열린 초기의 달시장은, 사회적 기업의 제품을 판매하는 벼룩시장의 성격을 띠고 있었습니다. 하지만 당시만 해도 사회적 기업의 품목은 다양하지 못했고, 결국 이러한 방식으로 장터를 채워 나가기에는 한계가 있었죠. 그래서 지역의 예술가들과 함께 만드는 마을축제 성격의 장터를 기획했고, 다양한 사회적 기업과 사회적 경제의 활동이 여러 프로그램 속에 녹아들면서 점차 지역 문화장터로 자리 잡았습니다.

청년들이 주체가 되어 만들어낸 장터인 만큼, 달시장은 여러 가지 참신한 아이디어로 장터의 축제성을 구현해냈습니다. '오가닉 마켓'과 같이 생태와 도시농업을 다루는 프로그램을 운영하고, 지역의 청년 예술가들은 서로 교류하며 활동 기회를 나누는 자리를 가졌죠. 또 '아기 달시장'처럼 어린이 교육과 놀이를 다루는 프로그램도 있었어요. 초기에 추구했던 사회적 목적으로서 사회적 기업들의 제품도 판매하면서, 지역주민들을 위한 마을 축제의 성격을 확립하게 되었죠.

이렇게 자리를 잡은 영등포 달시장은 2012년부터 청년 사회적 기업 인큐베이팅을 위해 본격적으로 활용되었고, 이때 만들어진 것이 방물단입니다. 하자센터는 2012년 3월부터 방물단의 구성원을 모집했고, 4월부터는 방물단이 주도적으로 영등포 달시장을 맡아 기획하고 운영하게 되었죠. 저는 2012년부터 일을 시작했고요.

달시장 이후 방물단의 사업에 일어난 변화가 있다면?

달시장이 성공적으로 자리 잡으면서, 우리는 장터를 기반으로 사업의 형태를 확장시켜 나갔습니다. 그러는 가운데 이런저런 제안들이 오가면서 많은 일을 하게 되었는데, 대표적인 것은 달시장 안에 포함된 개별 테마들을 확장해 새로운 행사로 만든 경우입니다.

일은 다양한 계기로 많이 생겼어요. 예를 들면 마을의 콘셉트를 살려 서울시 마을박람회 같은 행사에 기획실무팀으로 참여하기도 하고, 지역의 이주노동자 장터나 도시농업 장터를 만들기도 했습니다. 또 문래동의 예술가들과 함께 아트마켓을 만들기도 했어요. 서울핸드메이드 박람회 같은 행사의 기획에 참여하며 수공예 작가들을 초대하기도 했습니

다. 2014년에는 광화문 희망나눔 장터의 사회적 경제 장터 주요 기획실
무자가 되어서, 1년 동안 징하게 고생하기도 했어요.

그렇게 지난 4년 동안 만든 장터가 80~90회가 조금 넘는 것 같습니
다. 정말 많이도 만들었죠. 그런데 방물단도 기업이기 때문에 수익모델
을 생각하지 않을 수 없지만, 장터를 만드는 일만으로는 재원확보에 부
족함이 있습니다. 주로 지자체의 요청으로 장터를 만드는 일이 많은데,
우리나라에서는 아직 이런 문화기획 영역의 기획비를 인정하지 않는 분
위기가 있거든요. 인건비도 확보되지 못하는 경우가 많아요. 처음 몇 년
동안은 일이 있으면 마다하지 않고 무조건 열심히 하려고 했는데, 그러
다 보니 내부 인력의 소진이 너무 심했습니다.

지금은 주요사업을 좁히고, 저희의 역량과 수익모델을 함께 고려하여
사업을 신중하게 진행하고 있습니다. 장터 만드는 일이 핵심이긴 하지
만, 공간을 활성화하는 방식의 문화기획 쪽으로 조금씩 영역을 넓히고
있어요. 결국 문화장터라는 것도 도심의 죽은 유휴공간을 활용해 만드
는 것이기 때문에 공간기획에 포함된다고 할 수 있습니다. 장터만이 아
니라 공연이나 축제 등 다양한 형태의 콘텐츠 영역으로 문화기획 사업
을 확장하려는 거죠.

방물단과
청년의 성장

 문화기획은 방물단에서 처음이었을 텐데, 낯설지는 않았나요?

당연히 낯설었죠. 이전까지의 저는 공학도였기 때문에, 문화기획은 어디에서도 배운 적이 없었어요. 그야말로 생소한 분야였습니다. 처음 달시장을 만들 때 생각이 나는데, 저뿐만 아니라 함께한 동료들 모두가 정말 어설펐죠. 사회적 기업을 섭외해야 하는데, 어떻게 섭외해야 하는지 모르니까 무작정 서울시에서 배포한 사회적 기업 리스트를 뽑아서 일일이 전화하거나 찾아갔습니다. 그런데 거의 대부분 거절하더라고요. 분위기 정말 싸늘하던데요.

아무튼 오리무중이었죠. 실수도 정말 많이 했어요. 그래도 어떻게든 시장을 만들어냈습니다. 그렇게 장터가 열리자, 많은 사람들이 우리가 만든 공간을 찾아왔습니다. 사람들이 가득하고 신나는 음악이 울려 퍼지는데, 그동안 고생하며 눌러온 에너지가 터지는 기분이 들었어요. 새로운 세상을 만난 기분에 해방감도 느껴졌죠. 문화기획이라는 테두리 안에서 각기 다른 분야의 사람들이 에너지를 모아 놀거리, 볼거리, 즐길거리를 만드는 것은 생각보다 훨씬 매력적인 일이었습니다.

 장터기획에서 필요한 역량들은 어떻게 익혔나요?

장터기획은 은근히 많은 역량을 종합적으로 요구합니다. 특히 달시장은 지역주민들에게 문화서비스를 제공하면서, 사회적 기업에게는 판로를 제공하는 등 수행해야 하는 목적이 다양합니다. 이를 위해서는 기획, 홍보, 행정, 추진력, 각종 네트워크 관리 등 다양한 역량이 필요합니다. 처음에는 잘 모르니까 부딪치면서 배워 나갔는데, 사회적 기업 인큐베이팅 기관의 도움을 많이 받았죠.

방물단은 하자센터와 씨즈가 추진한 사회적 기업가 육성사업의 지원금으로 만들어진 기업입니다. 사회적 기업이 워낙 만들기 어려운 조직이니까, 지원사업이 굉장히 다층적으로 발전해 있어요. 당시 하자센터와 씨즈는 청년 사회적 기업가를 발굴하고 지원하는 인큐베이팅 사업을 하고 있었습니다. 방물단은 그 인큐베이팅 사업의 일부였죠.

어쨌든 지원금을 받아야 하는 사업이기 때문에, 사업계획서를 쓰는 법부터 각종 행정지식, 그리고 달시장을 위해 필요한 각종 문화기획과 실무에 대한 지식을 하자센터의 도움으로 하나하나 배웠습니다. 선배가 있어 일일이 가르쳐주는 시스템은 아니었어요. 스스로 업무를 찾아 정리해야 했고, 1주일에 한 번씩 하자센터에서 기획회의를 열어 저희가 발견한 업무에 대해 서로 피드백 하는 시간을 가졌습니다. 처음에는 그 테이블에 앉는 것조차 무척 부담스러웠는데, 돌이켜보면 당시 주고받은 피드백이 부족한 역량을 키우는 데 큰 도움이 되었던 것 같아요.

청년 사회적 기업가 육성사업에 선정된 후, 사업 진행과 정산, 기타 행정서류를 포함한 서류 업무를 본격적으로 시작했습니다. 이 시점부터는 정말 실전이었죠. 배우고 익히고 할 것도 없이 그냥 부딪치고 깨지면서 성장할 수밖에 없었어요. 혼자였으면 힘들어서 못했을 거예요. 네다섯 명의 동료들이 있어 함께 상의하며 문제를 해결해 나갔죠. 그러면서 서로 배웠고요.

현대자동차에서 청년 사회적 기업가를 지원하는 프로그램으로 'H온 드림'이라는 프로그램을 운영하는데, 2013년에는 이 프로그램에 도전했습니다. H온드림은 당시 유행하던 오디션 형식으로 지원팀을 선발하는 행사였어요. 그때 외부 프레젠테이션을 처음 준비했는데, 정말 열심히 했어요. 결국 방물단이 인큐베이팅 기업으로 선정되어 사업비와 1년 동안의 심화 멘토링을 받았습니다. 이러한 일련의 과정을 겪으면서, 전반적으로 장터 일과 문화기획 일에 대해 조금씩 이해하게 되었죠.

장터기획을 하면서 어려웠던 일이나 에피소드는?

처음에는 잘 몰라서 힘들었고, 나중에는 잘 알아서 힘들었어요. 새로운 시도를 많이 했습니다. 재미있는 일을 해보려고 참 다양한 아이디어를 시도했는데, 생각처럼 안 되는 게 태반이더라고요.

한번은 비 오는 날 이벤트를 준비했어요. 문화장터 같은 야외행사는 비가 오면 진행하기가 어려우니까, 비가 와도 행사를 재미있게 해보려고 수를 써본 거죠. '위로부터 위로받다'라는 그럴 듯한 이름도 지었어요. 비가 오면 비를 맞으면서 우산에 쓰인 글들을 흘려보내는 이벤트였어요. 아프고 어려웠던 기억을 빗물에 지우며 위로받자는 취지였죠. 그런데 결국 망했어요. 비가 생각보다 많이 오지 않아서 쓴 글들이 흘러내리지 않았거든요. 이런 식으로 소소하게 망한 아이디어들이 꽤 됩니다. 쓰레기를 줄이려고 일회용품을 규격화하여 사용수를 줄이는 캠페인을 했는데, 오히려 쓰레기가 더 많이 발생하고 마련했던 일회용품을 처리하는 데 고생했던 일도 있었습니다. 이런 일들을 겪으면서 아이디어를 현실화하는 것이 결코 쉬운 일이 아니라는 것을 느꼈습니다. 방물단 1년 차에는 이런 시행착오를 많이 겪었죠.

이렇게 소소한 에피소드 외에, 사업을 운영하면서 겪은 어려움이라면 일정관리 부분이 아닐까 합니다. 우리 역량은 한계가 있는데, 일을 너무 많이 벌였어요. 처음에는 일을 많이 맡으면 무조건 좋다고 생각했죠. 인정받는 것 같고 의욕도 넘쳤으니 정말 밑도 끝도 없이 일을 맡았고 무조건 했어요. 심지어 한 주에 3~4개의 장터를 동시에 만들기도 했으니까요. 그때는 너무 정신이 없어서 어떻게 마무리했는지 기억나지도 않네요.

일이 많은 건 괜찮았어요. 사실 뭐 우린 다들 젊으니까요. 이때 고생 안 하면 언제 하겠어요. 일이 많으면 밤을 새서라도 하면 되죠. 이런 건 문제가 아니었어요. 중요한 건 각 장터가 담아야 할 고유한 가치를 구현해야 한다는 겁니다. 문화 다양성이면 다양성, 환경이면 환경, 예술이면 예술, 마을이면 마을, 이렇게 각각의 장터가 담아야 할 고유한 가치를 깊이 있게 담아내지 못하는 것이 문제였어요. 정신없이 주어진 일을 쳐내기만 하다 보니, 정작 중요하게 챙겨야 할 가치에 대해서는 깊게 고민하지 못한 거죠.

이 고민을 진지하게 하기 시작한 건 최근입니다. 많은 곳에서 다양한 장터들이 만들어지는 상황에서, '방물단만이 할 수 있는 장터는 무엇일까?'에 대한 고민을 시작했습니다. 사실 장터는 복제가 쉬운 콘텐츠이고, 방물단이 기획하는 장터들이 그저 수많은 장터들 중 하나로 희석되

어 간다면, 결국 우리는 스스로의 지속가능성을 지켜내지 못할 것이라
는 생각이 들었죠.

 앞으로의 방물단의 운영 계획은?

지금 방물단은 전환기를 맞고 있습니다. 새로운 과제들이 많아요. 지
금까지는 하루하루 해야 할 일들을 처리하는 데 급급해 구성원들 사이
에 소통이 부족했습니다. 사업의 진행방향도 담당자 개개인의 직관적인
판단에 의지하는 경우가 많았죠. 순간순간의 일을 처리하는 건 간단하
지만, 지난 시간을 되돌아보고 조직의 비전을 깊게 고민하는 일은 어렵
죠. 여유가 없을 때는 정말 매 순간 닥친 일밖에 보이지 않더라고요. 사
실 이 과정에서 저도 많이 소진되었어요. 문화기획이라는 게 만드는 사
람이 재미있어야 찾는 사람도 재미있는데, 제가 지나치게 소진되어 생
동감을 잃어버렸다는 것을 알게 되었거든요.

그래서 일이 별로 없는 겨울 1개월 동안 휴가를 내고 태국으로 훌쩍
여행을 떠났습니다. 문화기획 판에서는 1년 사업이 끝나는 12월 말에
서 2월까지가 비수기이거든요. 겨울에는 추워서 외부행사가 없기도 하
고, 대부분의 기관이나 사업체들도 한 해의 정산을 하는 시기라서 프로
젝트가 거의 없으니까요. 방물단 구성원은 이 시기에 돌아가면서 1개월
씩 휴가를 떠나기로 했어요. 제가 이번에 그 기회를 사용했습니다. 확실
히 아무 생각 없이 쉬어버리니까, 여행에서 돌아올 즈음 저절로 정리되
는 게 많더라고요.

그리고 동료들과 2014년 한 해를 마무리하는 회의를 지루할 만큼 끈

질기게 가졌습니다. 지금까지 우리가 바라보지 않았던 문제를 제대로 직시하고 정리하는 시간이었죠. 답은 나오지 않아도 서로가 집요하게 소통하려 했어요. 소통이 부재할 때 생기는 위험을 잘 알고 있었으니까요. 미뤄둔 숙제를 하는 기분이었죠.

그 시간을 가진 결과, 우리가 내린 결론은 선택과 집중이 필요하다는 것이었습니다. 물론 선택은 수익성을 위한 선택이 아니었어요. 3가지 기준이 나왔습니다. 첫째는 우리가 추구해야 할 가치에 집중해야 한다는 것, 둘째는 기획자가 재미있는 일이어야 한다는 것, 그리고 셋째는 너무 많은 일을 하지 않아야 한다는 것이었어요. 이런 기준으로 사업을 가지치기 해나가기 시작했습니다. 우리 조직을 지속가능하게 할 최소한의 사업을 찾아 추려내고, 굳이 필요 없는 사업들은 과감하게 잘라냈어요. 올해는 방물단에게 내실을 다지는 한 해가 되지 않을까 합니다.

방물단과 달시장에서 만난 사람들

방물단에는 특별한 사람들이 모여 있을 것 같은데요, 내부 구성원들에 대한 이야기를 들려주세요.

특별한 사람들이 모였는지는 잘 모르겠지만 다양한 사람들이 모였다는 것만큼은 확실합니다. 방물단 초기 멤버는 예술가, 사회적 기업 창업 희망자, 디자이너 등 총 4명이었어요. 그 중에 저만 평범한 공학도 출신이었고 다른 사람들은 공공미술이나 사회적 기업 등에 관심이 많은 예술가나 디자이너들이었죠. 사회적 경제나 사회적 기업이 청년들에게 하나의 활로로 인지되기 시작하면서, 이 방식으로 진로를 모색하는 사람들이 많아졌습니다. 방물단에 모인 사람들은 이전에 한 활동은 제각각 달랐지만, 그런 면에서 통하는 데가 있었습니다.

다양한 사람들이 모여 있다는 건 큰 장점이라고 생각해요. 문제가 생기거나 새로운 제안이 들어왔을 때, 그 사안을 다양한 관점에서 바라보며 의견을 나눌 수 있으니까요. 리스크를 줄일 수 있죠. 그리고 서로 학습하는 데에도 큰 도움이 됩니다. 특히 올해는 모든 팀원들이 머리를 맞대고 사업 비전 회의를 갖기 시작했는데, 그 외에도 책읽기 모임을 만들기도 하고, 일러스트나 포토샵 같은 컴퓨터 프로그램을 배우는 세미나를 갖는 등 지식을 공유하면서 시너지를 만들려고 합니다. 각자가 가진 무기를 동료들에게 전하는 거죠.

질문 방물단과 함께 기획하는 파트너들은 어떤 사람들인가요? 특별히 파트너들과 교류하는 방식이 있는지도 궁금합니다.

문화기획자와 예술가들은 든든한 파트너입니다. 프로젝트 대부분이 그들과의 협업을 통해 진행되지요. 모두 저희의 생명줄이기 때문에 잘 모셔야 하죠. 주로 사업은 행정기관과의 협업에서 발생하는데, 처음에는 하자센터와 일을 했고 그 이후로는 청년 허브나 사회적 경제 지원센터, 서울시의 공원녹지과 등 10여 개의 관계 부처와 파트너가 되어 일을 해왔습니다.

인적 네트워크는 영등포 달시장에서 형성된 작가들을 기반으로 하고, 그 이외의 사업을 할 경우에는 추가적으로 다른 작가들을 만나기도 합니다. 장터에 모이는 사람들은 사업 특성에 따라 다른데, 대체로 예술가들이 많은 비중을 차지해요. 보통 장터마다 10~20팀의 예술 분야의 작가들이 방물단과 함께 참여하죠.

우리는 작가들과의 관계를 무척 중요하게 생각합니다. 그들과 일자리를 나눈다는 생각을 갖고 있죠. 실제 예산이 큰 사업에서도 방물단의 수익은 그다지 많지 않은데, 우리의 이익률을 높일수록 작가들의 이익률이 떨어지기 때문이죠. 수익의 균형을 찾는 것이 중요하다고 생각해요. 만약 우리가 이익만을 쫓았다면 지금과 같은 발전을 이루기는 어려웠으리라 생각합니다.

질문 같은 일을 하는 문화기획자들과 교류하는 방식은?

기획자들을 만나는 기회는 다양합니다. 네트워킹 파티를 통해서 만나기도 하고, 포럼이나 토론회 등에서도 서로 얼굴 보고 인사하는 경우가 많죠. 각각의 장터에서 파트너십을 맺어 공동프로젝트를 진행하기도 하고요. 2012년에는 전국의 대안 문화장터를 연결하는 별시장이라는 프로젝트를 진행했는데, 이때 지역에서 활동하는 문화장터 기획자들을 만나서 교류했어요. 전주, 부산, 정읍, 대전 등 여기저기를 열심히 쫓아다녔죠. 지역마다 장터의 특성이 다르다는 점에서 자극도 많이 받았고 배운 점도 굉장히 많았습니다.

그리고 지금은 '서울시민시장협의회'라는 대안 문화장터들의 협의체가 있습니다. '서시시'라고 부르는데, 여기에는 서울시에서 활동하는 다양한 대안 문화장터 기획자들이 모여서 공동의 의제를 제안하거나 활동방향을 상의합니다. 대안 문화장터의 건강하고 지속가능한 생태계를 만들어가자는 가치를 중점으로, 함께 모여 서로의 장터 상황을 공유하며 관계를 맺고 있고, 장터를 운영하며 생기는 문제점들을 함께 고민하며 해결방안을 법적 조례나 구조적으로 서울시와 풀어가는 역할을 하고 있습니다. 여기에서 20여 개의 대안 문화장터 기획자들이 꾸준히 의견을 교환하고 있죠.

질문 청년이 행정기관과 협상 테이블에서 만나는 것은 흔하지 않은데, 공무원들과의 파트너십은 어떤가요? 특별한 어려움은 없었는지 궁금합니다.

마을 공동체 활성화 사업이 한창인데, 사실 대도시에서 마을이라는 것은 상상하기 어렵잖아요. 사람들이 다들 고립되고 조각조각 나서, 기본적인 친밀감을 나눌 사람을 만나기도 어려우니까요. 그런데 문화장터를 만드니까 사람들이 몰려들고, 장터에 참여하기 위한 커뮤니티도 만들어지면서 공동체의 흐름이 생기는 거예요. 그것도 한 번 행사가 열릴 때 수백 명의 주민들이 관심을 갖고 함께 활동성을 만들어주는 겁니다. 장터는 분명 마을 공동체를 회복하는 데 있어 중요한 계기가 된다고 생각합니다. 방물단이 만든 영등포 달시장을 비롯한 여러 장터와 축제는 분명 지역성을 회복하는 데 기여해왔다고 봅니다.

행정기관에서도 이런 부분을 주의 깊게 본 것 같습니다. 그래서 마을 공동체 활성화 사업이 시작되면서, 저희는 관련 사업들과 함께 유의미한 파트너십을 맺고 공동 프로젝트를 펼쳐왔어요. 또한 사회적 경제 활성화 사업에 있어서도 장터의 필요성이 확인되면서, 사회적경제과 및 관련 기관과 파트너십으로 '광화문 사회적 경제 장터'를 운영하며 사회적 경제 장터의 모델을 개발해왔습니다. 문화장터가 담고 있는 가치들이 다양하기에 마을 사업부터 사회적 경제 사업까지 다양하게 확장되어 행정기관과 함께 일할 수 있었어요.

행정과 함께 일하면서 처음에는 사소한 업무처리 방식에서 많이 힘들기도 했습니다. 실무적인 어려움이죠. 그런데 이런 실무적인 어려움은 장터를 20~30번 이상 하고 나면 더 이상 어려움이 아니에요. 그냥 일상이죠. 진짜 중요한 것은 행정기관의 정책 방향과 우리 방물단의 사업 영역이 조화를 이룰 수 있느냐 하는, 말하자면 가치의 공유에 대한 고민입니다. 이 부분은 아직 저희에게 확실히 풀리지 않은 숙제 같은 겁니다. 왜냐하면 어쨌거나 저희는 조직의 지속가능성을 고민해야 하는 사업체인데, 행정기관에서 제안하는 장터 사업은 일종의 공익사업이기 때문이죠.

컨설팅으로 참여하든, 지역 주체를 개발하든, 아니면 특정 지역에 오랫동안 머물며 장터를 꾸준히 만들어내든, 저희 입장에서는 수익성을 함께 고민할 수밖에 없습니다. 공익사업과 수익사업을 동시에 충족시키는 기회는 그리 많지 않습니다. 사회적 기업이 가진 고유의 문제이긴 한데, 저희에게도 계속해서 풀어가야 하는 숙제라고 생각해요.

장터에서 발견한
행복

 방물단을 통해 성장하면서 개인적 가치와 장터기획 사이에서 겪은 고민이 있다면?

첫해 방물단을 운영한 이후 생긴 고민은 '장터를 만드는 것이 내가 원하는 삶의 방향과 부합하고, 이곳에서 내가 추구하는 가치를 실현할 수 있을까?'에 대한 것, 즉 개인적인 비전에 대한 고민이었습니다. 저는 장터기획을 통해 사람들이 서로간에 '관계 맺기의 연속성'을 보장받을 수 있을 거라고 생각했어요. 하지만 방물단이 주력하는 달시장은 한 달에 한 번 열리는, 일시적 축제성이 강한 장터였고, 어쩔 수 없는 네트워킹의 한계가 있었죠. 결국 달시장만으로는 제가 가진 생각을 풀어내기 어렵다고 느꼈고, 좀 더 긴밀하고 일상 속으로 스며드는 일을 만들고 싶었습니다.

그러던 가운데 경기도 부천의 강남시장 마을축제^{다문화를 콘셉트로 열린 장터}를 운영하게 되었는데, 그곳에서 처음으로 기획자와 수혜자의 구분 없이 함께 어우러지는 풍경을 보았습니다. 수혜자와 기획자가 어우러지기란 쉽지 않은 일임에도 그 안에서는 모두가 함께 놀았고, 상인들 또한 함께 어우러지고 있었습니다. 강남시장 마을축제의 모습에서 우리가 기획한 장터를 통해 마을의 기능이 강화되고 함께 어우러지는 마을의 시작을 알리는 역할의 가능성을 보았습니다.

 현재 방물단이 여러 사업들을 통해 얻는 수익성은?

　방물단은 벌써 4년차에 접어들었고, 시간이 지나면서 점점 더 많은 장터와 사업들을 진행해왔습니다. 하지만 각 사업을 위해 투입하는 팀원들의 시간과 노력에 비하면, 인건비를 제외하고는 사실상 수익률이 높다고 할 수는 없습니다.

　이것은 비단 방물단만의 어려움은 아닙니다. 주로 기금 관련 사업을 하는 문화 분야의 기업들이나 많은 사회적 기업들이 수익성 확대에 어려움을 겪고 있죠. 방물단의 경우, 특히 겨울철에는 야외에서 장터를 열기 어렵고, 그래서 인건비를 만들어내는 것조차 벅찰 때가 있습니다. 이 부분에 대한 해결책을 찾는 것 또한 우리의 과제죠.

 본인이 생각하는 대안 문화장터란?

　요즘은 대안장터라는 표현은 잘 쓰지 않는 것 같아요. 대안이라면 '무엇에 대한 대안인가?'라는 질문에 답하는 것 또한 어려운 일입니다. 제 고향은 충남 예산인데, 제가 어렸을 때 저희 할머니는 직접 두부를 만들어 5일장에 내다 파셨어요. 당시 할머니를 따라 시장에 다녔는데, 장터에서는 단순히 물건을 사고파는 일반적 상거래만 이루어지는 것이 아니었습니다. 사람들의 이목을 끌며 약을 파는 약장수도 있었고, 각설이 타령 같은 일종의 공연이 열리기도 했죠. 어렸던 제게 그런 풍경은 정겹게 각인되었습니다. 그 옛날 장터에 이미 서로 자연스럽게 어울리며 즐기는 축제가 있었던 거죠.

　오늘날에는 효율성만을 추구하는 대형마트가 장터를 대신하고, 정겨

운 풍경과 문화는 사라져가고 있습니다. 제가 생각하는 대안 문화장터
는 옛날의 그 장터에 포함되어 있던 정겨운 것들을 다시 만들어내는 곳
입니다. 놀거리, 즐길거리, 볼거리, 이러한 것들이 자연스럽게 어우러지
면서 사회적인 '가치'와 '문화'로 창출되는 공간이죠. 이것이야말로 대안
문화장터가 아닐까요?

 본인에게 대안적인 삶이란 무엇인가요?

처음 강도현 씨의 강의를 들은 이후 여러 강연회에 참여하면서 문화
기획 분야에 발을 들였던 때와 비교하면, 지금의 제게 '대안적인 삶'이 주
는 느낌은 조금 다른 것 같습니다. 수유리에 공동체마을이 있는데, 가끔
그곳에서 아이를 낳고 텃밭을 가꾸고, 대안학교를 만들어 아이를 그 학
교에 보내는 삶을 꿈꾸곤 합니다. 하지만 현재는 방물단을 운영하면서,
방물단이 지속가능할 수 있는 방법과 방물단을 통해 가치 있는 여러 일
들을 만드는 것 자체에 집중하는 것으로 대안적 삶을 살아가고 있다고
할 수 있습니다.

사회적 기업 창업을 꿈꾸는 청년들에게 들려주고 싶은 조언이 있다면?

요즘 많은 20대 중·후반의 청년들이 창업에 뛰어드는 것 같습니다. 이
들에게 첫 번째로 해주고 싶은 말은, 하고 싶은 분야가 있다면 먼저 경험
을 통해 확신을 얻으라는 것입니다. 해당 분야의 프로젝트, 탐방, 스터
디 등 경험할 기회는 많거든요. 그렇게 경험해보고 난 후 고민할 때야말
로 올바른 결정을 할 수 있다고 생각합니다. 두 번째로, 창업은 스펙 쌓

기가 아니라는 말을 해주고 싶어요. 요즘 워낙 취업이 어려우니 다양한 스펙 쌓기로 창업을 선택하는 친구들도 있던데, 그러한 접근은 위험하다고 생각합니다. 세 번째는 하고 싶은 일에 대한 확신이 든다면 망설이지 말고 도전하라는 것입니다. 하고 싶은 일을 선택할 수 있는 기회를 스스로에게 주는 것이 중요하다고 생각해요. 마지막으로 이야기하고 싶은 것은, 사회적 기업이나 공익적인 측면의 사업을 원한다면, 기업을 운영하는 방향과 목적의식이 가장 우선되어야 한다는 것입니다. 기업, 공동체, 또는 비영리단체의 정체성 중에 어떤 방향을 추구할지에 대해 고민해야 하는 것이죠. 자신이 원하는 일을 기업의 형태로 이루겠다는 의지가 확고할 때에야 비로소 창업이 시작되는 겁니다. 그래서 최대한 많은 시도를 하는 것이 바람직하죠.

부산에 뿌리 내린 문화장터, 지구인시장
이윤순

　수년 전, 지속가능한 지구를 만들고 싶었던 부산의 대학생들이 모여 '지구인팀'을 결성했다. 그리고 그들은 착한 소비를 알리고자 몸소 '지구인시장'을 열기에 이른다. 대학생 몇 명이 중고물품을 팔던 소박한 시장이 지금은 부산시민들이 자유롭게 물건을 사고파는 대표 시장으로 발돋움했다.

　서울에 비해 문화장터가 낯선 부산이기에, 시장이 자리 잡기까지 젊은 청춘들은 좌충우돌할 수밖에 없었을 터다. 아니나 다를까 여타의 대안 문화장터가 특정 동네를 기반으로 성장한 것과 달리, 부산 지구인시장은 중앙동, 보수동, 자갈치 시장 등 여러 동네를 전전했다. 유랑의 시기를 끝낸 지구인시장은 2015년 현재, 부산시민공원 송상현 광장에서 매주 토요일 개최되고 있다.

　　지구인시장의 밑그림을 그린 지구인팀의 멤버들은 하나둘 새 삶을 찾아 자리를 떴지만, 이윤순 씨는 여전히 지구인시장에서 꿈을 꾼다. 지구인시장 기획팀장으로 활약하는 그녀를 지구인시장이 한창 열리고 있던 송상현 광장에서 만났다. '사회적 기업'이 무엇인지도 몰랐고 어디로 갈지 몰라 헤맸던 취업준비생이 지구인팀을 만나고, 지구인시장에서 뒹굴며 다른 삶에 눈을 떴단다. "남들과 똑같이 살 필요가 있나요?"라고 당돌하게 되묻는 그는 오늘도 지구인시장 안에서 한 뼘 더 성장하는 중이다.

시장을 연
청년 지구인

현재 활동 중인 부산 지구인시장을 소개해주세요.

지구인시장은 시민 누구나 자유롭게 물건을 사고팔 수 있는 벼룩시장이자 아트마켓art market이에요. 부산에서 열리는 마켓을 보면, 전문작가들이 주축이 되어 예술작품을 판매하는 아트마켓이 대부분이랍니다. 하지만 지구인시장은 작가가 아닌 시민 누구나 신청하면 참여할 수 있는 거리장터이지요.

지구인시장의 참가자는 크게 3가지 유형으로 나뉩니다. '벼룩지구인'은 옷이나 신발 등 중고물품을 가져와 팔고, '수공예지구인'은 자신이 직접 만든 물품을 사람들에게 내놓습니다. 또 남다른 특기로 사람들에게 볼거리를 제공하거나 체험 행사를 주도하는 '재능지구인'도 있어요. 온라인 카페로 사전 신청자를 받는데, 참가자가 꾸준히 증가하고 있습니다. 지금은 90~100팀 정도가 참가하죠.

벼룩지구인과 수공예지구인의 비율은 평균 4 : 6 정도입니다. 처음엔 수공예지구인이 늘어나는 걸 걱정했어요. 여느 아트마켓과 비슷해지는 건 아닐까 걱정한 것이죠. 하지만 나중에는 이게 자연스러운 현상이라는 걸 깨달았어요. 벼룩지구인들은 몇 번 시장에 나오고 나면 나중에는 팔 중고물품이 없어지잖아요. 반대로 수공예지구인은 재료만 있으면 계속해서 물건을 생산하고 시장에 나올 수 있죠.

흥미로운 것은 처음에는 벼룩지구인으로 참여했다가 나중에는 수공예지구인으로 참여하는 분들도 있다는 겁니다. 일례로 벼룩지구인이었던 한 참가자가 나중에는 직접 팔찌를 만들어 행사에 나왔더라고요. 그 다음에는 천연비누, 화장품, 양초 등을 꾸준히 선보이기도 했습니다. 지구인시장을 통해 새로운 재능을 발견하고 발전하는 분들을 보면 참 존경스러워요.

지구인시장의 탄생 배경이 궁금한데요.

지구인시장을 처음 기획한 주체는 대학생 스터디 모임인 '지구인팀'입니다. 초창기 지구인팀은 소셜 벤처를 설립하기 위해 결성되었죠. '사회적 기업, 착한 소비, 윤리적 소비'와 관련한 캠페인을 진행했는데, 일회성 캠페인이다 보니 사람들의 반응이 시큰둥했습니다. '어떻게 하면 사람들에게 효과적으로 가치를 전달할 수 있을까?' 고민하다가 시장을 떠올린 거죠. 시민들이 직접 중고물건을 구입하면 착한 소비나 윤리적 소비 등을 직접 경험하게 될 거라고 믿은 겁니다. 그래서 고민 끝에 부경대학교에서 중고물품을 판매하는 벼룩시장을 열었습니다. 그게 지구인시장의 시초라 할 수 있겠네요. 지구인팀 멤버 5명이 판매자로 참가했던 그때의 시장은 지금과 비교하면 규모가 엄청 작았어요.

처음부터 지구인시장과 같은 활동을 하며 살고 싶었나요?

원래 대학에서 호텔컨벤션경영을 공부했어요. 얼마 전 대학 동기들을 만났는데 대부분이 전공과 무관한 일을 하며 살고 있더라고요. 저뿐만 아니라 대부분이 전공을 살리지 않았다는 점이 놀라웠습니다. 사실 저는 호텔외식경영학과에 가고 싶었는데, 막상 입학을 하고 보니 호텔외식경영학과가 호텔컨벤션경영학과로 바뀌었더군요. 선택할 여지가 없어 호텔컨벤션경영을 배운 거죠. 학과 필수 과정이었던 부산의 한 호텔에서 인턴생활을 하는 등 처음에는 전공에 따라 살려고 노력하기도 했어요. 서비스업 자체는 제 성격과 잘 맞았거든요. 하지만 인턴으로 활동하면서 회의감이 컸어요. 마치 기업의 CEO에게 돈을 벌어다주는 부속품처럼 느껴졌다고나 할까요. 하지만 부속품이 되지 않기 위해 어떻게 무엇을 하면서 살아야 할지 다른 대안을 쉽게 찾진 못했습니다.

지구인팀에 합류하기 전까지는 평범하게 취업준비를 한 셈이네요. 그런데 지구인팀에 들어간 이유는 뭔가요?

졸업을 앞두고 취업을 걱정하던 어느 날, 답답한 마음에 영화관에 갔습니다. 특별히 보고 싶은 영화가 있었던 건 아니라서 그저 시간이 맞는 영화를 골랐어요. 그때 우연히 본 영화가 〈울지 마 톤즈〉였어요. 아프리카 수단에서 헌신적으로 봉사하신 이태석 신부님을 조명하는 내용이었죠. 그 영화를 보는 내내 뒤통수를 한 대 맞은 것 같은 느낌이 들었습니다. 그동안 저는 어떻게 하면 돈을 벌며 살 수 있냐만 생각했는데, 자신의 재능을 오로지 타인을 위해 쓰는 사람도 있더군요. 저도 이태석 신부님처럼 남에게 도움이 되는 일을 하면서 살고 싶어졌어요. 삶의 기준을 그때 세운 겁니다. 저는 베푸는 것을 좋아하는 사람이니까 타인을 위하는 일을 하며 살면 행복할 것 같았어요.

지구인팀을 만난 건 영화를 보고 난 뒤의 일이에요. 4학년이다 보니 친구들이 취업 스터디, 토익 스터디 등을 시작했어요. 저도 뭔가 해야겠다는 생각이 들던 찰나 지구인팀의 팀원 모집 공고를 봤습니다. 사회적 기업을 공부하는 곳이라는 말만 듣고 지구인팀에 합류했죠. 사실 그땐 사회적 기업이 뭔지도 잘 몰랐어요. '사회적'이라니까 좋은 일을 하나보다, 무턱대고 저랑 맞겠다고 짐작만 했습니다. 단순한 스터디 모임으로만 알았는데, 아니었어요. 지구인팀은 사회 문제를 함께 찾고, 그 문제를 해결하기 위한 다양한 프로젝트를 현장에서 실행했습니다. 비슷한 고민을 하는 친구들끼리 함께 머리를 맞대고 고민하는 그 과정이 즐거웠지요.

지구인팀은 어떤 조직이었나요? 팀의 목표라든지 활동내용을 조금 더 자세히 설명해주세요.

지구인팀의 목표는 '지역의 청년이 지역에서 살아남기'였어요. 사회에서 특히 지역에서 청년이 살아남기란 정말 힘들잖아요. 그런데 사람들은 무턱대고 청년이 잘하지 못해서라고 비난을 하거든요. 사실 청년실업 문제가 비단 청년 개인만의 문제는 아니죠. 일례로 제가 지구인팀에 들어갔을 때 1인창업이나 청년창업 붐이 일었고, 정부의 지원도 많은 편이었어요. 청년실업의 해결방법을 창업이라 본 거죠. 그러나 무작정 창업을 할 수는 없었어요. 실패했을 때 다시 일어날 수 있는 사회적 기반은 취약했으니까요.

그래서 지구인팀은 청년의 실패위험은 낮추면서도 개개인이 성장할 수 있는 기회를 만드는 게 중요하다고 생각했습니다. 우리가 우려하는 사회적 문제가 무엇인지 함께 고민하고, 그 문제를 해결하기 위한 활동을 해나가고 싶었죠. 사회문제를 해결하는 과정을 통해 우리의 역량도 키울 수 있다고 판단한 겁니다. 그 대표적인 사례가 지구인시장이고요. 그뿐만 아니라 번화가에 버려지는 전단지 문제를 해결하기 위해 퍼포먼스를 벌이거나, 지역의 책 문화를 부흥시키기 위한 시도도 했습니다. 제가 지구인시장에 본격적으로 뛰어든 건 2012년의 일이고, 그 전까지 저는 지구인팀에서 전단지 문제를 해결하는 '삐라 프로젝트'에 매달렸죠.

유랑하던 시장에
찾아온 위기

질문 초창기 지구인시장의 모습은 어땠나요?

처음 지구인시장을 준비할 때 가장 큰 문제는 장소였어요. 고민을 많이 했는데, 대학생들끼리 시장을 준비했기에 아무래도 친근한 대학 캠퍼스가 가장 먼저 떠올랐어요. 다만 부산의 대학은 대부분 지대가 높은 곳에 있어서 가급적이면 사람들이 찾아오기 쉬운 평지에 있는 학교를 물색했지요.

여러 조건에 맞는 곳이 부경대학교였어요. 하지만 학교에서 시장을 지속적으로 열 수 있을지는 불분명했어요. 학교 측 역시 장소협조에 대한 확답을 주지 않다가, 나중에는 '더 이상 장소를 대여해줄 수 없다'고 얘기했죠. 시장에 참여하는 사람들이 많아지고 시장의 규모가 커지면서 학교 측에서도 부담을 느꼈던 것 같아요. 결국 지구인팀은 다른 장소를 찾을 수밖에 없었죠.

 이후 시장은 어디에서 어떤 형태로 열렸나요?

장소를 물색하느라 한동안 애를 먹었습니다. 지구인시장이 자리를 잡는 데는 처음 지구인팀을 조직했던 엄창환 대표의 역할이 컸어요. 시장을 열 장소가 없으면 시장은 존재할 수 없잖아요. 상당히 불안한 상황이었죠. 엄 대표는 행정기관이나 시민단체 같은 곳에 지구인시장을 소개하고 공간사용 및 협력에 대해 문의하는 메일을 보냈다고 합니다. 나름 전문성을 갖추기 위해 자체적으로 서류양식을 만들고, 팀의 생각이 잘 표현되도록 자료준비도 철저히 했죠. 서류를 작성해 여러 곳에 메일을 보내봤지만 안타깝게도 문의메일에 대한 답변은 대부분 받지 못했다고 해요.

하지만 한 가지 다행인 점은 부산의 여러 기관들이 자신들의 행사를 열 때가 되면 이메일을 기억하고 연락을 해왔다는 겁니다. 대표적으로 2010년 하반기 자갈치시장 축제 조직위 측에서 함께 시장을 열 것을 제안해왔죠. 팀 입장에서는 정말 기적 같은 일이었어요. 일단 '무조건 하겠다'고 답하고 축제 주최 측과 공조해 시장을 열었습니다. 하지만 10~11월, 바닷바람이 쌩쌩 부는 자갈치시장 수변 공원은 말도 못할 정도로 추웠습니다. 핫팩을 사서 나르고 연탄불을 가져다놓고 달고나를 만들기도 하는 등 악조건 속에서 소소한 이벤트를 벌이며 참가자와 소통했던 기억이 지금도 진하게 남아 있습니다. 그 이후로 지구인팀은 부전시장 광

장, 보수동 책방골목, 중앙동 40계단 거리 등에서 장터를 정기적으로 진
행하기 시작했습니다.

질문 이후에도 장소섭외에 대한 불안감은 계속 컸을 것 같습니다. 어떻게
극복했나요?

자갈치시장 축제를 통해 관계를 만든 덕분인지 그 이후에도 다른 축제
에 지구인시장을 알리며 시장을 유지할 수 있었습니다. 그 당시에는 어
렵게 찾은 공간에서 시장을 운영한다는 것 자체가 쉽지 않았죠. 하지만
지속적으로 운영하다 보니 조금씩 노하우가 쌓이기 시작했어요. 처음 1
년간 엄청 고생했지만, 2011년에는 함께 시장을 열자는 제안이 많이 들
어오기도 했습니다. 특히 시민들이 직접 참여하는 축제 콘텐츠를 찾던
곳들이 지구인시장에 관심을 많이 보였어요. 서울과 달리 부산에서는
지구인시장과 같은 시민 참여형 시장이 전무했으니까요. 큰 이익이 남
지 않아도 지구인팀은 지구인시장을 포기하지 않았어요. 그렇게 작은
기회가 또 다른 기회를 만들며 시장이 연명했습니다.

질문 고정된 장소 없이 수년간 이어져온 것 자체가 대단해 보입니다. 지구
인시장이 가장 큰 위기에 봉착한 때는 언제인가요?

2012년 무렵 지구인팀의 멤버가 복학, 취업, 유학 등의 이유로 하나둘
떠나갔어요. 저를 포함한 멤버 4명이 겨우 지구인시장을 이끌어 나갔
죠. 그러다가 2013년 초에는 엄창환 대표와 저만 남았습니다. 엄 대표
가 그때 물었어요. "포기하지 말고 한 번 더 해볼까, 아니면 각자의 길을

갈까?" 하고요. 그때 우린 너무 지쳐 있었고 휴식기를 가져야겠다는 생각이 들었습니다. 그래서 그만하자고 했죠. 그렇게 우리는 팀을 해체했고, 지구인시장을 접어야 하는 상황 때문에 힘들어 했습니다. 지구인팀은 사라져도 지구인시장만은 계속 진행됐으면 좋겠다고 생각했으니까요.

주변에서 지구인시장을 운영할 사람이나 단체를 알아봤지만 선뜻 나서서 하겠다는 사람이 없었어요. 시장을 계속해야 하는 이유나 의식을 공유하는 사람은 더더욱 찾기 어려웠죠. 지구인시장도 지구인팀과 함께 이대로 없어지겠거니 생각했습니다. 그러던 중 부산에서 20년간 문화활동을 해온 심종석 작가님^{현재 지구인시장 대표}이 지구인시장을 이어받겠다고 제안하셨고, 그래서 시장은 남게 되었어요.

질문 지구인팀이 해체되고, 어떤 선택을 했나요?

삶의 방향을 어떻게 설정할지 고민하던 때였는데, 우연히 제주도 여행 중에 만난 사람들이 이렇게 조언하더군요. "네가 꿈꾸는 삶이 뭔지 알겠다. 그래도 조직생활은 한 번 해봐야 한다." 그 말이 계속 머리에 맴돌았어요. 도대체 사람들이 그토록 강조하는 조직생활이 뭔지, 더 늦기 전에 한번 경험해봐야겠다는 오기가 들더군요. 지구인팀을 끝내면서 이력서를 쓰기 시작했죠. 하지만 일반적인 사기업에 들어가긴 싫었고 이왕이면 사회적 기업이나 비영리 단체에서 일하고 싶었습니다. 그렇게 사회적 기업을 지원하는 기관에서 사무직으로 1년간 일했죠. 열심히 서류정리했던 때로 기억됩니다.

회사를 다니는 동안 '이 회사를 관두면 다시는 취직을 하지 않겠다'고

마음먹었어요. 사회적 기업과 관련된 조직이었지만 결국 그곳도 '회사'인지라 수직적인 상하구조를 벗어나지 못했거든요. 불합리하고 답답한 구조를 저는 견딜 수 없었어요. 지구인팀에서 활동할 때는 모든 관계가 수평적이라서 좋았어요. 누군가가 일방적으로 무엇을 하라고 지시하진 않았으니까요. 어떤 사안을 결정할 때 우리는 항상 대화를 통해 합의를 도출했어요. 물론 일일이 팀원들의 합의를 이끌어내야 하기 때문에 비효율적이고 답답하게 느껴질 때도 있었습니다. 팀원과 성향이 맞지 않는다는 이유로 마음앓이를 했던 적도 있고요. 돌이켜보면 아무것도 아닌 고민이었는데 말이죠.

광장에서
다시 쓰는 이야기

질문 팀이 없어지고 취업을 했는데, 왜 다시 시장에 합류했나요?

직장을 다니면서도 예전의 제가 그리웠습니다. 그래서 주말마다 지구인시장에서 운영진으로 활동을 계속했어요. 당장 돈이 나오진 않지만 좋아하는 일을 하면서 살자는 마음으로 다니던 회사는 1년 뒤에 그만뒀죠. 지금은 지구인시장에 전념하고 있습니다. 남들과 같은 일을 하면서 돈을 벌 필요는 없다고 생각하면서요. 남들처럼 살려고 하면 제가 불행해지잖아요. 돈은 많이 벌지 못하지만 저는 남들보다 더 많은 시간적 여유를 가질 수 있어요. 뭘 선택하든 상관없어요. 저는 제가 좋아하는 일, 제가 가치 있다고 생각하는 일을 하면서 돈을 벌고 있거든요. 그러면 된 거 아닐까요?

 많은 청년들이 본인이 원하는 삶이 있다고 해도, 부모님의 굴레에서 쉽게 벗어나지 못합니다. 부모님의 반대는 없었나요?

회사에 들어가고 일주일쯤 됐을 때 엄마한테 말했죠. "지금 다니는 회사를 관두면 다시는 취직하지 않을 거야"라고요. 그러니까 엄마가 비웃으시더군요. 출근한 지 일주일 만에 그런 얘기를 했으니까요. 지금도 부모님은 제가 명확하게 어떤 일을 하는지 잘 모르세요. 회사에 다니면 딸이 어떤 회사에 다니겠거니 하고 짐작이라도 하실 텐데 말이죠.

어느 날 엄마가 라디오를 듣다가 저를 지칭할 수 있는 말을 찾았다고 하신 적이 있어요. 그게 뭐냐고 되물으니까 '프리랜서'라고 하시더군요. "앞으로 딸이 뭐 하는지 물으면, 프리랜서라고 말하면 되겠다"고 하시면서도 "프리랜서의 뜻을 들어보니 그렇게 좋은 직업은 아닌 것 같다"고 걱정하시더군요. 제 일을 뚜렷하게 이해하시지는 못하지만, 대신 반대하진 않으시죠. 막내딸의 특권이랄까요. 작년부터 제가 어떤 일을 하는지 조금씩 설명 드리고 있어요. 물론 지금도 갸우뚱하시죠.

 지구인팀의 손을 떠난 지구인시장은 현재 어떻게 운영되고 있나요?

심종석 대표님은 지구인시장이 열리는 데 필요한 행정적인 협상을 주로 맡으십니다. 대표님은 문화예술 분야의 전문가들과 관계가 두텁고, 행정 관계자와 일한 경험도 풍부하죠. 기획팀장인 저는 시장이 열리기 전까지를 총괄하고, 강승주 운영팀장은 시장이 열리는 당일 참가자들에게 자리를 배정해주는 등 현장관리를 합니다. 제가 맡은 임무는 참가자들을 모집하고 참가할 사람을 확정하는 것이죠.

지구인시장 참가자는 카페를 통해 모집하므로 저는 온라인에서 활동할 때가 많습니다. 하지만 명확하게 이것은 내 일, 저것은 네 일, 이런 식으로 구분하지는 않아요. 조직이 크다면 업무 분담이 명확하겠지만, 지구인시장의 운영자는 3명뿐이잖아요. 저는 멀티플레이어가 되려고 노력 중입니다.

2013년 가을부터는 부산시민공원의 송상현 광장 한 곳에서만 시장이 개최되고 있는데, 여러 곳에서 시장이 열리던 때와 비교하면 어떤 차이가 있나요?

송상현 광장에서 지구인시장이 열리면서부터는 급속도로 참가자 수가 늘어났습니다. 그동안 장소를 달리하며 시장을 열었지만 여러 곳에서 산발적으로 열리다 보니 지구인시장의 존재를 시민들에게 명확하게 알리기가 어려웠어요. 희망시장 하면 홍대가 떠오르지만 지구인시장 하면 연결되는 장소가 없으니까요. 5년이 지난 지금에서야 지구인시장의 존재를 뒤늦게 아시는 분들도 많아요.

공원의 특성상 가족 단위 방문객이 많고, 참가자들도 자연 친화적인 분위기에서 물건을 팔 수 있어 좋아해요. 송상현 광장의 한쪽에는 물이 흐르고, 또 한쪽에는 가로수가 일직선으로 우거져 있어요. 가로수를 끼고서 시장이 열리는데 일부러 길의 한쪽은 시민들을 위해 비워둡니다.

시장이 열리는 반대편 길에서 돗자리를 깔고 앉아 음식을 먹거나 휴식을 취할 수 있도록 말이지요.

송상현 광장에서 시장을 열 수 있었던 배경이 궁금합니다.

나들이를 나온 것처럼 편안함을 느낄 수 있는 장소가 있으면 좋겠다고 늘 생각했습니다. 때마침 2014년 초, 미군 하야리아 부대 자리에 부산시민공원이 새롭게 문을 열었습니다. 나무가 우거져 있고, 편의시설이 잘 갖춰진 부산시민공원은 지구인시장의 최적지로 느껴졌죠. 무엇보다 시민들의 접근성이 좋습니다.

부산시민공원 측에 장소협조를 요청했는데, 이미 부산시민공원은 자체적으로 아트마켓을 열고 있더라고요. 대신 시민공원 안에 있는 송상현 광장을 사용하는 건 어떠냐는 제안을 받았습니다. 2014년 9월, 10월, 11월, 석 달간 송상현 광장에서 지구인시장을 열었고, 2014년의 평가를 바탕으로 2015년에도 부산시민공원과 협상을 잘 할 수 있었어요. 겨울이면 추워서 시장을 운영할 수 없으니 일단 11월까지만 이곳에서 시장을 여는 것으로 합의한 상태입니다. 현재 저희는 행사 개최에 따른 운영비를 부산시민공원으로부터 일부 지원받고 있고요.

다른 곳에서 시장을 열어 달라는 요구가 여전히 있을 텐데요?

간혹 "우리 동네에서도 지구인시장을 열어주세요"라는 요청이 들어오기도 합니다. 그러나 한 번 가는 건 의미가 없다고 대답합니다. 저희가 지구인시장을 한 번 연다고 해서 시장문화가 정착되는 게 아니더라고요. 한번은 덕천동에서 공부방을 하는 선생님의 요청으로 덕천동에서 지구인시장을 연 적이 있어요. 그때 공부방에서 공부하던 중고등학생들이 시장을 열기 위해 열심히 노력했죠. 하지만 결과적으로 덕천동 지구인시장은 단발성 행사에 그치고 말았어요. 지구인시장 팀이 빠져도 그 동네에서 시장이 꾸준히 열리길 바랐는데 그게 생각처럼 쉽지는 않더라고요.

지구인시장
협동조합을 꿈꾸며

질문 지구인시장을 관두고 싶었던 적은 없나요?

아직까진 없습니다. 지구인시장이 열리기 하루 전까지만 해도 모든 게 귀찮고 고민이 많아 지치기도 합니다. 그런데 지구인시장에서 참가자들을 직접 만나면 언제 그랬냐는 듯이 웃음부터 납니다. 그게 사람이 주는 힘이 아닌가 싶어요.

특히 참가자들이 온라인 카페에 남긴 후기를 읽을 때면 힘이 나요. '소풍을 다녀온 기분이었다'라는 참가자의 후기를 읽고는 참 뿌듯했습니다. 누군가에게 도움이 되는 사람이 되고 싶어서 이 일을 하는 거잖아요. 지구인시장을 통해 누군가에게 뜻 깊은 하루를 선사할 수 있으니 행복합니다.

 규정을 만들고, 참가자들이 규정을 숙지하도록 하는 일은 쉽지 않을 듯한데?

가장 신경 쓰는 규정은 '물품의 개수'입니다. 처음에는 규정을 따로 정하지 않고 시장을 열었어요. 개수를 정하지 않았더니 중고물품을 파는 전문업자가 와서 중고물품을 막무가내로 펼쳐 팔더라고요. 그 후로는 판매 물품수를 정하기로 했죠.

현재를 기준으로 설명하자면, 수공예지구인은 40개, 벼룩지구인은 30개를 들고 나올 수 있습니다. 특히 수공예지구인은 자신이 직접 물품을 만드는 모습을 카페를 통해 공개해야만 참가신청이 가능합니다. 구매한 물품이 아니라 손으로 직접 만든 물품이라는 것을 증명하는 일종의 절차죠. 시장운영과 관련된 규정을 새로 추가하거나 규정을 변경할 때는 온라인 카페를 통해 참가자들의 동의를 얻고 있습니다.

 규정을 어기는 참가자들과의 마찰은 없나요?

보통 참가신청서를 받을 때 판매물품의 개수를 확인합니다. 하지만 규정을 명확하게 공지하고 사전검사를 강화해도, 정작 현장에선 규정을 어기는 분들이 보이죠. 아예 규정을 모른 채 찾아오시는 분들도 계시고요. 그럴 때마다 허탈하죠.

하지만 물건을 많이 가져와 팔고 싶은 참가자들의 마음도 이해하려 합니다. 이왕 시장에 나온 이상 많이 팔면 그것 또한 기분 좋은 일이니까요. 그럼에도 개수 규정을 포기하지 않는 이유는 지구인시장이 지향하는 가치를 최소한의 규정을 통해서라도 알리고 싶어서입니다. '물건

142

을 파는 것만이 시장의 목적이 아니다'는 메시지를 간접적으로 전달하는 과정인 거죠.

 다른 장터와 비교할 때 지구인시장의 두드러지는 특징은?

다른 몇몇 장터는 회원제로 운영하거나 문화예술인들에게 먼저 연락을 취하기도 하더라고요. 분위기를 돋우기 위해 공연 단체를 섭외하기도 하고요. 하지만 지구인시장은 오면 오는 대로, 가면 가는 대로, 이 둘뿐이에요. 별다른 홍보를 하지 않는데도 매번 사람들이 신청하는 걸 보면 아직도 신기합니다.

또 기부문화를 정착시키려고 노력하고 있습니다. 2015년 여름까지 참가자들로부터 책을 1권씩 기부받았습니다. 자주 참가하시는 분들에게 부담이 되는 것 같아 지금은 잠정적으로 중단한 상태이고요. 참가자들이 기부해주신 헌책은 1,000권에 달한답니다. 또한 판매수익금 10%를 자율 기부하도록 독려합니다. 행사에 참가한 아이들이 고사리 손으로 수익금을 기부하는 모습을 볼 때면, 지금의 경험을 잊지 않았으면 좋겠다고 바라죠.

물론 기부금이 아니라 참가비를 받으면 운영하기 훨씬 수월할 겁니다. 하지만 그렇게 할 경우, 참가자 규정 때문에 저희가 참가자들의 요구 사항에 이끌려 다닐 가능성이 높습니다. '장사가 더 잘되는 곳으로 장소를 옮기자', '규정을 완화하자' 등 참가비를 낸 사람들의 요구가 커질 수도 있겠죠. 지구인시장이 추구하는 가치를 지키기 위해서는 저희가 중심을 잘 잡아야 한다고 생각합니다.

 지구인시장이 지키고 싶은 가치는?

지구인시장은 '지구인의 착한소비를 위한 대안 문화공간'을 꿈꿉니다. 재활용, 나눔, 소통, 재미를 중요한 가치로 삼고 있죠. 시장에 참가하는 사람들이 시장을 통해 색다른 경험을 하고 사회적 경제의 가치를 몸소 느꼈으면 좋겠습니다. 참가자들에게 '물건을 파는 것 자체에 매몰되지 말라'고 항상 당부해요. 얼마나 많이 팔았느냐보다 중요한 건 얼마나 즐거움을 느꼈는가, 무엇을 배웠는가 하는 문제이니까요. 생전 모르던 분들끼리 시장에서 자연스럽게 친구가 되기도 해요. 함께 옆자리에서 물건을 팔면서 대화를 나누다 보면 소통할 수밖에 없거든요. '오늘 하루는 내게 휴식을 주는 날'이라는 생각으로 가볍게 시장문화를 즐겼으면 좋겠어요.

 앞으로 지구인시장이 어떤 모습으로 운영되기를 바라나요?

저는 지구인시장이 한두 사람에 의해 좌지우지되지 않았으면 좋겠어요. 아이러니하게도 저는 제가 없이도 잘 굴러가는 지구인시장이 됐으면 하고 바랍니다. 그래서 요즘은 지구인시장 협동조합을 만들면 어떨지 고민 중이에요. 고민은 많은데 활동에 쫓기다 보니 명확하게 협동조합의 상을 그리지는 못하고 있죠. 지구인시장은 저 혼자 만드는 행사가 아니잖아요. 시민들의 자발적인 참여로 지금까지 이어져왔죠. 그래서 지구인시장의 참여자들이 행사의 실무진, 다시 말해 조합원이 되는 방안을 모색하는 중입니다. 그러면 지구인시장이 더 오래도록 유지되지 않을까 생각해요.

144

'지구인시장이 무엇이기에 사람들이 저렇게 많이 가?'라는 얘기를 종종 들어요. 대학생 5명이 중고물품을 가지고 열었던 자그마한 벼룩시장이 지금은 100명이 넘는 시민이 자발적으로 참여하는 시장으로 발전했잖아요. 지구인팀이 없어지면서 지구인시장까지 멈췄다면 오늘은 없었겠지요. 사람을 움직이는 건 쉽지 않은 일이에요. 대신 꾸준히 노력하면 누군가는 그 진정성을 알아보고 동참하는 것 같아요. 장소를 섭외하고 행사를 기획하는 것은 우리지만, 행사를 완성하는 건 결국 참가자들이죠.

무슨 일을 하든
행복할 것이라는 자신감

질문 지구인시장 외에 병행하는 다른 활동이 있다면?

구포역 인근에 있는 '문화예술플랫폼B'라는 곳에서 화요일부터 금요일까지 일합니다. 부산시의 지원을 받아 북구청이 총괄하는 '문화예술플랫폼B'는 지역민에게 문화예술을 향유할 기회를 주자는 취지로 만들어진 곳이에요. 지구인시장은 문화예술플랫폼B 사업을 위탁받기 위해 작년 말 '문화공동체 지구인'이라는 이름으로 사업자등록을 하기도 했어요. 문화예술플랫폼B에는 수공예 작가님들이 입주해 활동 중이며, 건물 안에는 북구의 역사를 볼 수 있는 근대역사관, 작가님들의 작품을 전시한 아트 카페 등이 있어요. 저는 문화예술플랫폼B가 잘 자리 잡을 수 있도록 공간을 관리하고 입주 작가님들과 소통합니다.

처음 구청에서 문화예술플랫폼B를 구상할 때는 1층에 근대역사관을 만들고, 2층에는 방을 4개 만들어 활동작가를 입주시키려 했어요. 그런데 저희가 2층 공간을 분리하지 말고 하나로 트자고 요청했죠. 공간이 비교적 넓은 2층에서는 문화 관련 워크숍이나 강좌 등이 열립니다. 건물 1층의 아트 카페에는 지구인시장의 참가자들이 기부한 책을 진열해두고 있어요. 지구인시장과 문화예술플랫폼B는 헌책을 통해 연결되는 셈이죠.

질문 올해가 20대의 마지막 해이네요. 20대를 돌아본다면?

지구인시장에 봉사활동을 하러 오는 학생들에게 가급적 다양한 경험을 해보라고 얘기해줍니다. 자신의 성향과 맞는 일을 폭넓게 접해봐야 무엇이 진짜로 나와 맞는지 비로소 알게 되니까요. 저는 저를 잘 몰라서 돌고 돌아 지금의 일을 찾았습니다.

저는 제 20대를 '어쩌다가'라는 키워드로 정의해요. 어쩌다가 대학교 4학년 때 영화 〈울지 마 톤즈〉를 봤고, 어쩌다가 지구인팀에 들어갔고, 어쩌다가 지구인시장을 떠나지 않고 계속 운영하게 됐고요. 또 어쩌다가 문화예술플랫폼B에서 일을 하고 있네요.

질문 앞으로의 꿈은 무엇인가요?

지구인팀에 막 들어갔을 땐 그저 '가치 있는 일을 해보자'는 각오로 열심히 달리기만 했어요. 그러고는 자의 반, 타의 반으로 잠시 멈춰 회사에 들어갔죠. 사회생활이 어떤 것인지 어렴풋하게 맛을 보고, 다시 제가 원하는 자리로 돌아왔습니다. 지구인시장을 열고 문화공간을 운영하는 지금 저는 다양한 사람들을 만나며 성장하는 중입니다. 사람들을 통해 과거의 나와 현재의 나, 그리고 미래의 나를 만날 때도 있고요. 사람들과 소통하는 일은 저를 피곤하게도 하지만, 그들은 저를 다시 일어서게 하는 원동력이기도 해요.

지구인시장은 앞서 얘기했던 것처럼 '지구인시장 협동조합' 형태로 발전시키고 싶습니다. 또한 문화예술플랫폼B도 정착시키고 싶어요. 아직 걸음마 단계라 작가님들과 함께 어떻게 공간을 운영하면 좋을지 방향을 설정해 나가는 중이거든요. 개인작업을 하는 데 익숙한 작가님들이 함께 하는 활동을 낯설어 하고 있어요. 작가님들과 문화공동체를 잘 만들어 나가고 싶습니다. 또 내년에는 입주 작가님뿐만 아니라 지역민에게도 더 다가가고 싶어요. 요즘 저는 '행복소통 동서남북'이라는 프로그램을 배우고 있어요. 우연히 문화예술플랫폼B의 강좌를 통해 이 프로그램을 우연히 접하게 됐는데, 다른 사람들에게 프로그램을 알려주고 싶어 열심히 공부하고 있죠. 이 프로그램을 완벽하게 습득해 지역주민들의 성향을 파악하는 일을 할 계획입니다.

앞으로도 저는 공익적인 일을 하며 살 거예요. 지구인시장일지, 요즘 배우고 있는 동서남북 소통 프로그램 일일지, 아니면 아예 새로운 일에 도전할지는 잘 모르겠어요. 분명한 건 무얼 하든 행복할 것이라는 겁니다. 이젠 제가 뭘 잘 하는지, 뭘 원하는지를 알게 됐으니까요.

 무엇을 할지 몰라 방황하는 청년들에게 들려주고 싶은 이야기가 있다면?

평범한 직장에서 일하는 삶이 잘못됐다거나 이상하다고 절대로 생각하지 않습니다. 세상에는 다양한 가치관이 존재하고, 사람마다 가치관이 다 다르니까요. 이태석 신부님처럼 베푸는 삶을 중시하는 사람도 있고, 돈을 버는 게 절실한 사람도 있겠죠.

그런데 우리는 살아가면서 자신에 대해 고민하고 생각할 시간을 많이 갖지 않는 것 같아요. 그러고는 남들처럼 살려고만 하잖아요. 아무리 남들에겐 꿈의 직장, 신의 직장이라고 해도 막상 가보면 나에겐 지옥일 수도 있어요. 반면에 남들에게 무시당할지언정 나에겐 천국 같은 곳일 수도 있죠. 어떤 가치를 우선순위에 두는지 잘 알아야 할 것 같아요. 저 같은 경우에는 타인에게 도움이 되는 사람, 사회적 가치를 추구하는 사람이 되는 것이라는 걸 뒤늦게 깨달았어요.

남들처럼 똑같이 돈을 벌면서 살지 않아도 된다고 생각합니다. 다른 방식으로 조금 다른 재능을 발휘해 살아갈 수도 있습니다. 무엇보다 중요한 사실은 어떤 가치를 선택하든 자신을 믿어야 한다는 것이죠.

* 지구인시장 이윤순의 이야기는 구명주가 썼다.

청년몰

2F
남부시장
청년몰
Real New-Town

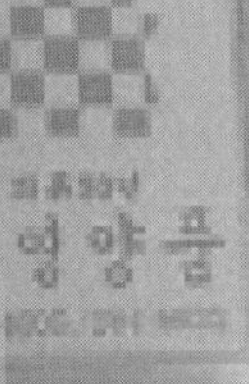
영양품

제일약초

청년몰과 협동의 리더십
양소영

불과 몇 년 전까지만 해도 전주 남부시장은 전형적으로 쇠퇴해가는 지역 전통시장
이었다. 하지만 지난 2011년부터 남부시장 '청년몰'에 서식하는 청년 장사꾼들이 조
금씩 변화를 쌓기 시작했다. 그리고 결국 이곳의 풍경을 바꾸는 데 성공했다. 청년몰
에 입점한 창년 장사꾼 '보따리단'과 이들을 지원하는 사회적 기업 '이음', 그리고 시장
의 재생을 원하는 남부시장 상인번영회 등 다양한 주체들이 함께 노력한 결과였다. 이
들은 짧지 않은 기간 동안 많은 우여곡절을 겪으며, 버려진 공간을 청년몰로 재탄생
시켰다. 현재 33개의 이색적인 가게가 입점해 있는 청년몰은 한옥마을과 더불어 전

주에서 손꼽히는 관광명소가 되었다. 이러한 변화를 이끌어낸 힘은 다름 아닌 '협동의 리더십'이었다.

따뜻한 봄날 이른 오후, 취재를 위해 방문한 남부시장의 분위기는 아직 한산했다. 시장 한 쪽 청년몰로 통하는 계단을 오르자 '레알뉴타운'이라는 간판과 '적당히 벌고 아주 잘살자'라는 슬로건이 먼저 눈에 띄었다. 이곳에서 만난 사람은 청년몰이라는 씨앗에 물과 거름을 주며 이곳 청년 장사꾼들과 3년을 동고동락한 장터기획자, 양소영 씨이다.

시장의 미래를 여는
청년몰의 등장

 국내 도시재생 사업의 성공사례로 꼽히는 청년몰에 대해 소개를 부탁드립니다.

성공적인지는 잘 모르겠습니다. 내부에 있다 보면, 갈 길이 아직 멀다는 생각이 들어요. 청년몰을 만들기 위한 프로젝트는 2011년에 시작되었습니다. 당시 전주 남부시장의 낙후된 2층 상가 공간에 청년들이 들어오면 어떨까 하는 아이디어로 카페 하나가 들어왔죠. 이를 시작으로 몇 년간 청년몰은 발전을 거듭했고, 지금은 33개의 매장이 들어와 있는 상태입니다.

 전통시장 활성화 사업은 많이 시도되었지만 특별한 성과를 낸 경우는 드뭅니다. 청년몰의 성공비결은 무엇일까요?

사실 많은 순간이 고비였고, 고비는 아직도 계속되고 있습니다. 청년몰을 함께 만들어가는 사람들끼리는 아직 갈 길이 멀다는 것을 잘 알고 있습니다. 그래도 성공비결이라고 한다면, 우선 여기 모인 청년 장사꾼들이 스스로 재미있으면서 생존 가능한 삶의 방식을 찾은 것이 아닐까 싶습니다. 우리 모토가 '적당히 벌고 아주 잘살자'인데, 이 문구를 다소 진지하게 해석한 것 같아요.

예를 들면 힙합과 같은 겁니다. 힙합은 원래 뉴욕 뒷골목의 고립된 빈민가 문화에서 발달한 거잖아요. 흑인들이 어찌되었든 자기들끼리 재미있는 문화를 만들어, 진짜 재미있게 논 거죠. 그렇게 즐기는 가운데 그 흥겨움이 다른 문화에 전파되었고, 지금은 전 세계 사람들이 향유하는 재미있는 문화가 만들어졌죠.

청년몰에 있다 보면, 우리가 '섬'에 있다는 생각을 종종합니다. 전주는 그리 넓은 지역이 아닙니다. 활동가 층도 다양한 편은 아니죠. 그래서 같은 일상과 패턴이 반복되는 경향이 있어요. 이게 오래되다 보면 고립되었다는 생각이 들지요. 그 과정에서 청년몰 안에 있는 사람들끼리 재미있게 지내는 문화 같은 것이 만들어졌습니다. 감수성 같은 거죠. 이런 감수성 때문에 사람들이 모여들고, 비슷한 또래 문화기획자나 장터기획자들과 교류가 있을 때면 화학반응이 격렬하게 일어납니다. 이런 과정에서 전주 청년몰이 나름의 독특한 문화를 만들어낸 게 아닐까 싶네요.

문전성시 사업에서 청년몰의 목표는 무엇이었나요?

사회적 기업 '이음'은 10년 가까이 남부시장 상인들과 함께 공공미술을 포함한 여러 문화예술 사업을 추진한 역사가 있습니다. 이는 사실 재래시장 활성화에 대한 고민과 맞물린 활동이었어요. 이러한 시도가 정부에서 주도한 전통시장 활성화 시범사업인 '문전성시 프로젝트'로 연결되었고, 이 사업을 통해 청년몰이 재정적 지원을 받을 수 있었던 거예요.

10년 전만 해도 지역에서 이음이 한 것처럼 공공미술 프로젝트를 기획하고 진행한다는 것은 그 자체로 신선한 시도였습니다. 그런데 경험이 누적될수록 한계가 선명해졌죠. 공공미술에 대한 정부 지원금이 끊기면 사업도 종료되고, 성과가 남지 않는다는 거였어요. 이런 과정은 이음도 마찬가지로 겪었습니다.

하지만 그런 상황에서도 이음이 이룬 성과는 시장 상인회와 10년 동안 깊은 신뢰를 형성했다는 것입니다. 이음이 사업비만 빼먹고 도망치는 소위 '먹튀'가 아니라는 신뢰가 오랜 시간 동안 단단히 생겨난 겁니다. 그래서 여러 제안을 하기가 쉬웠어요. 그리고 청년몰을 할 때도 상인회의 지지는 꽤 두터웠습니다. 이런 신뢰는 지역의 여러 네트워크와 연결될 때도 큰 힘이 되었어요.

이런 과정을 겪으면서 이음에서는 한 가지 문제의식을 갖게 되었습니다. 지속가능성을 이야기할 때, 수익모델이나 콘텐츠로 접근하면 답이 나오지 않는다는 걸 알게 되었죠. 일부 활성화에 성공한 재래시장을 보면, 상인들이 힘을 모아 추진력을 만들어내고 그 힘 위에서 다양한 사업을 시도하거든요. 그런데 남부시장은 상인들의 평균 연령이 지나치게 높았어요. 무언가를 시도하려 해도 동력이 떨어질 수밖에 없는 상황이었죠.

이런 상황에서 가장 중요한 것은 시장의 다음 세대를 만들어내는 것이었습니다. 청년 장사꾼들이 이곳에 모여 시장의 변화를 추동할 주체가 되어야 한다는 것이었죠. 그래서 자연스럽게 목표가 청년 생태계를 만드는 것이 되었습니다. 이때 청년 장사꾼들은 무슨 일을 하든 돈만 벌면 된다고 생각하는 상인이 아니어야 했어요. 지역과 문화에 대한 고민 선상에서 함께 시장의 미래를 만들어 나가고 대안적 청년 생태계를 조성해 나가는 사람들이어야 했습니다.

대안적 청년 생태계라는 말이 다소 추상적이지만, 중요한 문제였습니다. 이 문제의식은 '적당히 벌고 아주 잘살자'라는 청년몰의 모토로 정리가 되었죠. 약간은 장난스럽게 나온 문장이긴 해도 우리의 문제의식이 아주 잘 담겨 있는 말이라 생각해요.

그리고 또 하나는 대외적 사업성과는 지역 경제 활성화로 잡았습니다. 이는 관광사업과 연관해서 생각한 목표입니다. 전주 한옥마을이 남부시장과 도로 하나 건너에 있기 때문에, 남부시장과의 연계성 속에서 관광객 유입이 가능하다고 생각했습니다. 사회적 기업 이음은 남부시장에서 오래 활동한 경험이 있었기 때문에, 그 노하우가 자연스럽게 청년몰로 스며들 것이라 생각했던 거죠. 물론 시행착오도 많았지만, 결과적으로 이 두 가지 목표가 다 어느 정도 성취되었다고 봅니다.

낙후된 시장에서
살아남기

남부시장에 청년들을 모으는 일은 어떻게 진행되었나요?

지금은 남부시장에 입점하고 싶어 하는 청년들이 아주 많지만, 3년 전만 해도 이곳은 시장 구석에 위치한 낙후된 상가였습니다. 넓은 공간에 덩그러니 식당 1~2개만 입점해 있을 뿐이었고, 이 공간을 매력적으로 여기는 청년은 거의 없었습니다. 방법을 고민하던 중, 시간이 걸리더라도 남부시장에 어울리는 장면을 만들기로 했습니다. 단발적이지만 다양하고 연계성이 있는 활동들을 계속해 나가면, 청년들이 이곳을 매력적인 공간으로 여길 것이라고 생각했죠.

그렇게 진행된 프로젝트 중에서, 특히 야시장은 초기에 주력했던 사업입니다. 전주는 나름 소도시이지만 젊은이들이 즐길 만한 밤 문화가 없었죠. 밤에 막걸리를 먹는 것 이외에는 딱히 놀거리가 없었고, 숙박시설인 한옥마을도 오후 8시 이후에는 카페 몇 곳을 제외한 대부분이 문을 닫았어요. 그래서 밤에 놀고 싶은 청년들을 위해 야시장을 열었습니다. 미숫가루나 화덕에 구운 피자, 수공예 액세서리 등 익숙하지만 신선한 여러 시도들은 청년몰에 대한 이미지를 형성해 나갔습니다. 고생도 많았지만 정말 재미있었어요. 야시장에 모인 사람들을 통해 남부시장이 청년들에게 재미있고 매력적인 장소가 될 수 있다는 가능성을 보았습니다.

질문 야시장 외에 다른 전략은 어떠한 것들이 있었나요?

창업아카데미도 중요한 사업이었습니다. 지난 2011년 3월에 창업아카데미를 수료한 청년들에게 점포를 준다는 공고를 냈고, 5~6명 정도가 지원했습니다. 이들은 청년 장사꾼으로서 의지를 품었다기보다, 지원금에 대한 관심이나 지인의 소개로 지원하는 경우가 대부분이었습니다. 창업을 시작하는 청년들은 보통 야채나 생선은 팔고 싶어 하지 않는데, 이러한 인식을 바꾸기 위해 두 달의 교육기간 동안 아카데미 수강생들은 직접 물건을 팔아보기도 했습니다.

처음엔 저도 다른 청년들도 장사에 대해 아무것도 몰랐습니다. 그래서 뭐든 재미있게 한 것 같습니다. 그러다가 '남부시장은 한옥마을과 횡

단보도 하나 사이에 두고 있는데 왜 물건이 잘 안 팔릴까? 고민하기 시작했습니다. 이런저런 시도를 했고, 대표적인 것이 앞서 언급한 '장면 만들기'였죠. 다양한 미션들을 거치며 아카데미 참여자 중 최종적으로 2개 팀이 남아 점포를 열었습니다. 그 중 한 팀이 아직 남아 있는 '카페 나비'입니다. 청년몰 1호점 카페 나비는 청년몰이 또 다른 장면 만들기에 성공했다는 상징적인 의미를 가진 점포라고 할 수 있죠.

청년몰 사업 첫해는 힘들었다고 했는데, 2년째 이후 변화가 있었나요?

1년간 청년몰을 운영해본 결과 충분히 발전 가능성이 있다고 판단했습니다. 우리는 바로 사업설명회를 열고 입점 신청자를 받았습니다. 2년 차에는 두 번에 걸쳐 입점 공고를 냈는데, 총 60팀이 지원했습니다. 첫 해에 6팀이었으니까 10배가 된 셈이죠. 그 중에서 12팀을 선발했습니다. 남부시장에 대한 관심이 높아졌다는 것만으로도 운영자인 제게 큰 힘이 되었습니다.

12팀이 들어오고 나니 할 일이 많아졌습니다. 문화 마케팅을 위해 입점자들에게 체험프로그램 개발비용을 지원했고, 사회적 기업인 '문화로 놀이짱'의 도움을 받아 전반적인 공간 리모델링을 진행했습니다. 물론 새로 입점한 가게의 청년들은 처음에 많이 힘들어 했습니다. 사회초년생이나 30대 초반이 많았는데, 전문적인 기술이 없을뿐더러 준비된 사람들도 아니었습니다. 하지만 청년몰을 만들어 나가면서 같이 성장해 나갔지요.

각각의 성장속도는 달랐지만 어쨌든 중요한 건 살아남는 것이었습니다. 그래서 모두가 함께 살아가기 위한 '협동마케팅'을 지속했죠. 인접해 있는 한옥마을을 중심으로 다양한 이벤트를 만들고, 피켓과 팸플릿을 제작해 직접 거리홍보에 나서기도 했습니다. 우리는 사업비를 지원했고, 청년장사꾼들은 발로 뛰면서 청년몰을 알렸습니다. 그리고 이제 어느 정도는 자생력이 생겼다고 할 수 있습니다.

서울에서 전주로 온
문화기획자

질문 이곳에서 일하게 된 계기는 무엇이었나요?

대학 졸업 전후로 서울에 있는 사회적 기업 지원기관에서 일했는데, 당시에는 제 역량의 한계를 많이 느꼈습니다. 졸업하기 전부터 비정규직으로 일했고, 졸업하고 나서도 몇 달 일했죠. 사회적 기업 관련 지원기관 중에는 국내에서 가장 오래되었고 권위 있는 곳이었어요. 시스템이 체계적으로 짜여 있었는데, 저는 나이도 어리고 대학생 신분이었기 때문에 할 수 있는 일은 사소한 업무보조밖에 없었어요. 그 일을 비정기적으로 몇 달 동안 했는데, 뭐랄까, 재미가 없었어요. 시스템이 갖춰진 곳에서는 주어지는 일이 제한적일 수밖에 없고, 주도적으로 일하기까지는 오랜 시간이 걸린다는 걸 알았거든요. 그래서 그 일이 제게 맞지 않다고 느꼈습니다. 일을 마무리할 즈음, 정규직 제안을 받긴 했는데 정중히 거절하고 다른 일을 찾았죠. 그리고 만난 것이 전주의 사회적 기업 이음이었어요.

　이음은 당시 사회적 기업 중에서도 주목받던 기업이었습니다. 구성원의 대다수가 20~30대 젊은 층이었고, 한 지역에서 10년 이상 활동하고 있었습니다. 이런 무모한 일을 10년이나 해왔다는 점이 저의 호기심을 자극했어요. 또 한편으로는 당시의 서울 생활이 너무 팍팍해 염증을 느끼고 있었습니다. 이런 때에 우연히 이음의 김병수 대표를 만나 함께 일하게 되었죠.

서울에서 전주로 내려온 이유가 궁금하네요.

　특별한 이유는 없습니다. 당시 제가 사회적 기업 이음에 관심이 있었고, 그곳이 좋아보였기 때문이죠. 당시 이음은 주목받는 곳이었고, 젊은 사람들 중심의 기회가 많은 조직이라는 생각이 들었기 때문에 제게 매력적이었고요. 이음이 아니라 다른 지역에서 비슷한 느낌의 사회적 기업이 있었다면, 그 지역으로 갔을지도 모릅니다. 사실 당시에는 '어떤 지역이냐'가 아니라, '서울이라는 지역이 제게 맞는 곳이냐'가 더 중요한 물음이었습니다. 저는 서울이 제게 맞지 않다고 생각하고 있었어요. 도시는 사람을 소외시키는 거대한 건물더미이고, 사람들은 너무 바빠 표정에도 여유가 없죠. 그 거대한 도시가 저의 감수성과 맞지 않았어요.

　하지만 그보다 더 중요한 건 제가 주도적으로 할 수 있는 일을 찾는 게 굉장히 힘들다는 것이었습니다. 저는 조금 더 주도적으로 일을 기획하고 꾸려 나가길 원했어요. 전에 일했던 단체에서도 정규직이 되면 더 좋은 기회를 만들 수 있었을 거예요. 하지만 몇 년 이상 행정에서 발생하는 잡무를 담당해야 하는 것 또한 사실이었죠. 큰 조직은 청년들의 성장이 더디고, 작은 조직들은 삶의 기반을 만들기에 불안한 부분이 많았습니다. 당시 저는 그렇게 느꼈어요.

대학에 다니기 시작하면서부터 많은 일을 했어요. 그런데 주도적으로 일한 경험은 그리 많지 않았어요. 기획자가 되고 싶었는데, 서울에서는 그런 기회를 찾는 게 쉽지 않았습니다. 시간과 관계에 소모되는 것이 너무 많았죠. 하지만 서울이 아닌 지역은 달랐습니다. 해결해야 하는 지역 문제는 많지만 그것을 젊은 감각으로 접근해 해결하려는 사람은 많지 않죠. 그것이 제게는 기회로 느껴졌습니다. 그래서 이음을 선택한 거죠.

좌충우돌
청년몰 공동체

 이음에서 기획자로서 역량이 성숙했다면 어떤 부분이었는지 조금 구체적으로 이야기를 듣고 싶네요.

처음 이음에서 한 일은 익숙한 것이었습니다. 문화예술 쪽 사회적 기업가들을 교육하는 전형적인 교육프로그램의 매니저였죠. 그 프로그램은 제가 오기 전에 이미 기획과 세팅이 끝나 있었기 때문에 저는 운영만 하면 되었습니다. 이런 일은 서울에서 많이 해봐서 별 어려움 없이 진행하며 전주에 익숙해지는 시간을 가졌습니다. 분명한 건 프로젝트의 책임자로서 존중받고, 제가 그 무게를 갖고 일을 해나갔다는 겁니다.

당시 이음은 위기를 맞고 있어서 사업선정이 잘되지는 않았어요. 사실 이음만 위기였던 건 아닙니다. 국가의 사회적 기업 인건비 지원이 종료되던 시점이었거든요. 이음 또한 지원종료 시점을 대비하면서 사업확장을 시도했지만, 잘되지 않았던 겁니다. 그러다가 구조조정을 해야 하는 상황을 맞았죠. 내외적으로 어려움이 많았습니다.

이 어려움을 타계하기 위해 대표님과 모든 실무자들이 치열한 시기를 겪었습니다. 사실 당시 저로서는 다 이해하지 못하는 일도 상당히 많았어요. 하지만 이후 변화될 사업내용을 이해하려고 정말 열심히 노력했죠. 이음의 사업은 그때를 전후로 많이 변했습니다. 그렇게 변한 사업 중에 하나가 청년몰이었고, 저는 그 일의 책임 매니저가 되었습니다.

이음의 위기를 겪고 청년몰을 시작하기까지 정말 정신없이 달려왔습니다. 해결할 수도 없고 이해되지도 않는 큰 문제 앞에서 제가 할 일은, 잘 버티고 견디는 것밖에 없었어요. 책임을 져야 하는 일들이 눈앞에 있고, 일을 배우는 속도보다 처리해야 할 문제가 생기는 속도가 훨씬 빨랐습니다. 하나하나 어떻게든 해결해 나가야 했어요. 일을 배우든, 막무가내로 밀어붙이든, 사정을 하든, 무시를 하든, 어쨌든 해야 했어요. 청년몰은 해야 하는 일이었으니까요.

이음이 구조조정을 할 때, 사실 많은 사람들이 스스로 이음을 그만두고 나갔습니다. 인건비 문제부터 사업비전까지 많은 게 불안정했거든요. 하지만 저는 그때 이를 악물고 버텨보자고 생각했어요. 전주에서 아무 성과도 없이 다시 서울로 가는 건, 스스로에게 미안한 일이라 생각했어요. 그리고 온 몸으로 그 시간을 버텼죠.

이런 시간을 견뎌보는 것, 위기를 맞고 그 위기를 동료들과 함께 넘어보는 경험, 그게 중요한 것 같습니다. 결국 역량이라는 건 종합적이잖아요. 특정 분야에서 기능적으로 소모되는 도구가 아니라, 전반적으로 일을 이끌고 움직여가는 사람으로서의 경험 같은 것 말입니다. 청년몰은 제게 그런 경험을 하는 계기가 된 공간이었습니다.

청년몰을 하면서 가장 어려웠던 점은 뭔가요?

청년몰은 큰 그림만 그려놓은 상태로 시작되었습니다. 세부적인 그림은 모인 사람들이 함께 그려가야 하는 구조였죠. 어떻게 보면 무책임하게 일을 벌인 셈인데, 저는 그게 좋았습니다. 제가 해볼 수 있는 게 많았으니까요. 하지만 역시나 경험부족이 가장 어려운 문제였습니다. 특히 청년몰은 선배가 없었기 때문에, 자잘한 실무에서부터 중요한 의사결정까지 어려움이 많았죠.

'문화 마케팅'이라고 해서 청년 장사꾼들을 뽑아 지원금을 주는 사업이 있었어요. 우리도 12명에게 따로 지원금을 주어 계획서를 쓰고 정산하는 사업 안의 사업을 진행했죠. 그걸 진행하는 과정에서 경험부족으로 어려움이 많았습니다. 저희도 뭐가 뭔지 몰라 말을 번복하는 경우도 있었는데, 청년 장사꾼 입장에서는 얼마나 답답해 보였겠어요. 비난을 엄청 들었습니다.

또 예전에 이음에서 쓰던 양식을 빌려와 작성한 계약서로 청년 장사꾼들과 계약을 체결했는데, 그 때문에 곤혹을 치르기도 했습니다. 청년 장사꾼 중에 법대를 나온 사람이 있어, "계약서가 아 다르고 어 다르다"며

토씨 하나하나까지 다 고쳐주셨어요. 줄을 쫙쫙 그으면서 말이죠. 자존심도 상하고 당황스럽고 창피하기도 했습니다.

사실 일반회사에서는 흔하게 일어나는 풍경이죠. 우리는 이음과 청년 장사꾼을 한 배를 탄 사람들로 보고 애정을 갖고 일했습니다. 그러나 청년 장사꾼과 우리 사이에는 신뢰가 없었어요. 저는 실무자로서 그리고 책임자로서, 이음에서 그린 큰 방향, 그러니까 '적당히 벌고 아주 잘살자'는 큰 비전과 남부시장에 청년들의 생태계를 만든다는 구상을 실현하기 위해 어떻게든 노력해야 했죠. 프로젝트 안으로 들어간 기획자에게 목적이라는 것은 반드시 일어나야 하는 미래의 사건이죠. 하지만 함께한 장사꾼들은 구체적 구상이 없으니까 불안했던 겁니다. 그래서 더욱 자세한 그림, 자세한 방법, 안전한 해법 등을 요구한 것이고요.

그림이 어느 정도 나올 때까지는 시간이 필요했습니다. 서로 대화하고 소통하면서 말이죠. 그리고 그런 과정을 거치면서 신뢰를 쌓아가야 했어요.

어려움을 어떻게 극복했나요?

초기 청년몰 사람들은 한 식구였습니다. 매일 밥도 같이 먹고, 같이 놀고, 현재를 함께 살아가는 사람들이었어요. 요즘은 개별 장사꾼들이 많아졌고 또 바빠졌지만, 처음에는 한가해서 식당 하는 사람이 밥해 주면 커피집에서 커피 쏘고 다른 사람은 간식을 사오는, 그야말로 식구 같은 분위기였죠. 매 순간을 함께하면서 주고받는 대화가 쌓이고 그만큼 애정과 신뢰도 쌓여갔습니다. 그러다가 어느 순간에 '적당히 벌고 아주 잘

살자'라는 밥상을 공유하게 되었어요.

한번은 회의하다 갈등이 생겼는데, 어떤 사람이 "우린 식구잖아요"라 더군요. 일단 모였으니 갈등은 생길 수밖에 없고, 우리는 그걸 밥 먹고 술 마시면서 풀어간 거죠. 협동의 리더십은 밥상과 술상에서 나온 겁니다. 한 번도 서로 욕하면서 싸운 적은 없었어요. 생각보다 실수도 많았고 준 비가 안 되어 곤란한 경우도 있었지만, 잘 풀어오고 있습니다.

일과 인생에서
찾은 만족

질문 청년몰 외부와는 어떻게 소통하였나요?

청년몰이 어느 정도 궤도에 오르면서부터는 일에서 피드백을 못 받는 것은 외부에서 찾기 시작했어요. 지역 어른들, 문화예술인들, 다른 지역 활동가들에게 도움을 요청한 거죠. 특히 다른 지역 활동가들이 힘이 많 이 됐어요. 하고 싶어서 시작한 일이기는 했지만, 누구 때문에 이걸 하 나 싶은 생각이 들 때도 있었어요. 저에게는 당장 득이 되는 게 하나도 없다 싶었죠.

그럴 때 다른 지역 활동가 친구들과 만나서 이야기를 했는데, 서로 상 황은 다르지만 근본적인 고민은 똑같더라고요. 친구들에게 노하우를 듣 고 수다를 떨면 마음이 풀리기도 했어요. 그러면서 청년몰 내부에만 매 몰되지 말고 외부활동을 더 많이 해야겠다고 생각했죠. 개인적인 인생에 있어서나 일에 있어서 만족을 내부에서만 찾으려 하면 답을 얻지 못합니다. 기대한 만큼의 피드백을 받지 못할 때 상실감이 컸는데, 답을 외부에서 찾으면서 균형이 맞춰지는 부분이 있어요.

청년몰의 영향인지, 시장 활성화를 시도하는 청년들이 많아진 것 같습니다. 그들에게 조언이 있다면?

청년몰을 벤치마킹하러 오시는 분들이 많은데, 그때마다 제가 강조하는 것은 기반을 닦는 데 들여야 하는 '시간'과 '노력'입니다. 청년몰은 금세 이루어졌지만, 그 전에 이음이 약 10년이라는 긴 시간 동안 상인들과 끊임없는 교감을 통해 신뢰를 쌓아왔죠. 그동안 이음은 한옥마을 프로젝트를 진행하는 등 문화를 매개로 한 도심 재구성을 꾸준히 시도해 왔습니다. 이러한 준비과정을 무시하고 결과만을 쫓는 방식은 굉장히 위험합니다.

이음은 오랜 시간동안 남부시장에서 많은 시도를 했고, 또 많은 시행착오를 겪었습니다. 이러한 시도가 지속되었기 때문에 '문전성시 프로젝트'로 연결되었고, 청년몰도 재정적 지원을 받을 수 있었던 거죠.

앞으로 하고 싶은 일은 무엇인가요? 이곳에서 계속 일할 생각인가요?

청년몰이 자생하는 모델로 발전하면서 처음보다 운영하기 편해졌고, 한편으로는 제가 없어도 청년몰이 잘 운영될 것 같다는 생각이 들어 뿌듯해요. 한동안은 변화가 필요하다는 생각도 했고, 청년몰을 떠나 새로운 판에서 일을 시작해볼까 하는 생각도 했습니다. 그런데 아직 청년몰

166

에서 할 일이 남은 것 같아요.

몇 가지 변화가 있습니다. 하나는 청년몰에서 서식하던 청년들이 자연스럽게 남부시장 근처로 확장해 나가며, 서식지를 넓혀가고 있습니다. 한옥을 인수해 손뜨개 바느질 공방을 만들고, 그렇게 만든 제품을 판매하는 가게를 낸 친구들도 있고요. 게스트 하우스를 만들려는 시도도 있어요. 청년몰을 중심으로 생태계가 확장해 나가는 건데, 여러 쟁점들이 있습니다. 젠트리피케이션gentrification 같은 문제가 대표적인데요, 생태계의 구성원들이 지역의 서식처를 보호하며 지속가능한 활동공간으로 만들어 나가기 위한 실험이 계속될 것 같습니다.

또 다른 하나는 청년몰과 남부시장이 전환기를 맞고 있다는 것입니다. 정부와 기업에서 재원을 포함한 여러 제안이 하고 있습니다. 사실 우리의 모토는 '적당히 벌어 아주 잘살자'이지만, 주변의 변화가 극심해지면 우리가 견지해온 모토가 흔들릴 수도 있습니다.

어떻게 해야 할지는 열려 있어요. 당분간 청년몰은 중요한 변화를 겪을 것이고, 여기서 사람들과 함께 힘을 모아 제대로 된 지역 문화활동 거점을 만들고 싶습니다. 사실 쉽지 않은 시도들이죠. 당분간은 도전과 모험의 연속일 것 같네요.

ART ⊕ YOU = 희망시장
rainbowmarket.org

희망시장에서 시작된 문화통역
이초영

　　문화기획자 이초영은 '별일연구소'의 대표다. 별일연구소는 사람을 모으고 연결하며, 문제가 있을 때 고민을 나누고 함께 방법을 궁리하는 곳이다. 언뜻 추상적으로 들리는 활동이지만, 찾는 사람이 많다. 각 문화재단의 관계자들이나 다양한 형태의 문화기획자들이 '별난 일'을 찾아 별일연구소의 문을 두드린다. 이초영 대표는 요즘 사람들이 많이 바빠 대신 고민해줄 사람이 필요할 때 자신들을 찾는 것 같다고 말한다. 그는 이곳에서 동료들과 함께 다양한 콘텐츠를 기획하거나, 간담회, 포럼, 연구회 등 문화기획 전반의 일을 하고 있다. 이 인연은 홍대 희망시장에서부터 이어져온 것이다.

2002년 시작한 희망시장은 지금 전국에서 다양하게 열리고 있는 대안 문화장터의 원형을 제공하였다. 이초영은 희망시장이 시작된 지 1년이 지난 후부터 합류했는데, 이때는 이제 막 시작한 희망시장의 각종 활동들이 활발하게 펼쳐지는 즈음이었다. 평범한 직장인이었던 그는 희망시장에서 창조적인 예술가들과 생명력을 공유하였다. 수공예 시장으로서 성공한 희망시장은 이후 보다 예술적인 작업을 지지하는 '희망갤러리', 지역주민들에게 다가간 '마포 희망시장', 그리고 번화가에서 수공예 액세서리 매장을 만드는 등 다양한 방식으로 진화를 시도하였다. 이초영은 희망시장에 몸담은 4년 동안 시장의 발전과 진화를 함께 이끌었다.

이초영은 희망시장에서 배운 것이 자기만의 세계가 강한 예술가들의 언어를 이해하는 것이라고 한다. 희망시장의 일을 한 이후에는 동료들과 함께 다양한 문화기획 프로젝트에 참여하였는데, 그 과정에서 다양한 분야의 사람들이 각기 다른 언어를 가졌다는 것을 발견했다. 예술과 학계, 행정과 지역주민 등, 사람들이 각기 다른 방식으로 세상을 이해하는 모습을 보며, 그는 다양한 분야의 언어를 이해하고 전달하는 '문화통역사'의 역할을 발견했다.

그의 이야기에는 문화장터에서 시작된 삶이 어떻게 진화하고 무르익어 가는지가 고스란히 담겨 있다. 이 책의 마지막에 그의 이야기를 담게 되어 행운이다.

홍대 희망시장
문화기획자

 장터기획자가 되기 전에는 어떤 일을 하셨나요?

저는 원래 평범한 직장인이었어요. 어린 나이부터 학용품 회사의 팬시 사업부에서 일했어요. 기획, 관리 업무를 했고 임원 비서를 하기도 했죠. 나름 열심히 일했습니다. 자부심도 있었어요. 그런데 갑자기 회사가 부도 위기에 몰리면서 법정관리를 받게 된 거예요. 300명이었던 직원이 6차에 걸친 정리해고로 100명으로 줄었죠. 그때 정리해고 대상자를 정하는 일을 제가 했어요. 제가 만약 평가지에 누군가의 점수를 낮게 쓰면 그 사람은 회사를 나가는 거죠. 바로 책상이 없어지는 거예요. 그러다 보니 이제 막 결혼한 새신랑 대리도 해고되고……. 못할 짓이었어요. 나중에는 저와 동료 몇 명이 모든 직원들한테 100점을 줬어요. 그랬더니 윗사람들이 '반항하냐?'라더군요. 우리도 너무 힘들어서 살려고 그랬던 건데 말이죠. 그러다가 마지막에는 저도 회사에서 나올 수밖에 없었어요.

3년 반 동안 일하다가 동종업계의 다른 회사로 스카우트되어 거기에서 2년 반쯤 일했습니다. 조직에서 소모품으로 일하는 것이 무척 지겹다고 생각했죠. 그래서 다른 일을 시도해보고 싶었고요.

 안정적인 회사생활을 그만두고 불안한 마음이 들지는 않았나요?

저도 IMF 이후 세대니까, 일을 구하는 것이 만만치 않았던 건 사실입니다. 그래도 다른 일을 해보고 싶었어요. 음악 관련 일을 하고 싶어서, 음반점 매니저로 일한 적도 있네요. 당시 번화가에는 CD플레이어나 CD를 판매하는 대형매장들이 있었거든요. 듣고 싶은 음악을 마음껏 듣고 싶어서 들어간 거였는데, 일을 하다 보니 한 달 반을 당시에 유행했던 그룹 쿨의 노래만 틀어야 하더군요. 그렇게 이런저런 일을 시도하다가 희망시장을 찾게 되었죠.

희망시장과는 어떤 계기로 인연을 맺게 되었나요?

직장을 알아보며 집에서 쉬고 있었는데, 어느 날 고등학교 선배한테 연락이 왔어요. 그 언니는 도자기를 만드는 사람이었는데, 갑자기 홍대에 놀러가자고 하더군요. 1년 전부터 홍대 앞에서 뭔가 만들려고 사람들을 만나고 있는데, 거기 대표가 황신혜밴드 했던 사람이라는 거예요. 그래서 연애인 보러 가는 기분으로 간 겁니다. 그렇게 홍대 앞 놀이터에 놀러가게 되었고, 그게 바로 희망시장이었어요. 그 선배 언니는 희망시장 초창기에 함께한 멤버였고, 그 덕에 제가 희망시장을 만나게 된 셈이죠.

문화통역가로서의
성장 이야기

희망시장에 본격적으로 참여하게 된 과정은 어땠나요?

저희 엄마가 옷을 만드는 분이에요. '최윤희의 모든 옷 만들기'라는 사이트를 거의 15년 동안 운영하면서 무료 옷본을 인터넷에 올려서 꽤 유명하시죠. 옷 만드는 주부들 사이에는 꽤 알려져 있고요. 그래서 어릴 때부터 저한테 옷도 많이 만들어주셨죠. 유명 복장학원 강사, 피아노 강사를 한 경력이 있고, 미술과 글에도 남다른 재주가 있으시죠. 그래서 저도 좀 영향을 받은 것 같아요. 엄마가 만드는 걸 잘하시니까 저는 디자인에 참여하거나 원단이나 부자재 같은 것들을 젊은 감각으로 골라 만들면, 그걸 희망시장에 내놓을 수 있지 않을까 하는 생각이 들었어요. 그래서 처음에는 수공예품을 선보이는 작가로 장터에 참여하게 되었죠.

이전의 조직생활과 비교해, 희망시장을 처음 겪은 느낌은 어땠나요?

일단 그렇게 재주 많은 사람들이 한 공간에 한꺼번에 모인다는 사실이 놀라웠어요. 희망시장의 사람들은 알면 알수록 재주도 많고 재미있는 사람들이었어요. 그리고 너무 선하고 착한 거예요. 스스로 행복한 일을 해서 그런 건지도 모르겠는데, 제가 그 전에 회사나 사회에서 만난 사람들과는 결이 달랐어요. 그들은 자신이 이뤄낸 것을 굉장히 소중하고 자랑스럽게 여겼지만, 그렇다고 타인에게 그것을 강요하지 않았어요. 자신감은 있는데, 자신의 작품을 억지로 인정받고 싶어 하지는 않았던 거죠.

이렇게 자유롭고 선한 사람들이 좋고 그 분위기가 좋았지만, 한편으로는 '이걸로 돈이 벌어져?'라는 생각이 들기도 했어요. 팬시 제품들을 대량생산하는 회사에서 일했으니까, 작가들의 작품들을 시장논리로 바라본 거죠. 작품을 보면 '이거라면 돈 벌 수 있을 거 같은데!'라거나 '팬시 회사와 제휴하면 대박 나겠다!'라는 생각이 들었어요.

 입점작가로 참여한 희망시장에서 기획자를 맡게 된 계기는?

2003년 4월 말부터 희망시장에 참여했는데, 5월에 운영진이 되었어요. 당시 희망시장의 대표였던 조윤석 대표가 희망시장 관련 기사를 써야 했는데, 그걸 제가 좀 도왔어요. 사실 제가 회사 다닐 때 여직원 사내보에서 글을 맡아 쓰기도 했고, 대학교 때는 국제연합 봉사클럽인 로타랙트에서 학술분과정을 맡으며 동인지를 만들기도 했거든요. 어릴 때부터 글 쓰는 데 관심이 많았고, 잘 쓴다는 얘기도 종종 들었어요. 아무튼 기사를 조금 손봐드렸더니 조윤석 대표가 "어디서 글을 좀 썼나요?"라고 물으시더라고요. 그게 계기가 되어 운영진에 합류하게 되었죠.

 처음 접하는 장터기획자로서의 업무를 익힌 과정은?

전임자가 있긴 했지만 따로 일을 배우지는 않았어요. 희망시장은 일종의 커뮤니티 개념으로 시작된 장터였으니까요. 저를 포함해서 장터에 참여한 작가들이었던 2명의 실무자가 있었고, 조윤석 대표를 포함한 운영위원들도 있었죠. 그렇게 8명 정도가 일주일에 한 번씩 모여 운영진 회의를 했어요.

저는 이전에 회사생활을 하면서 관리업무를 했고, 그 경험 덕분에 희망시장 운영을 어렵잖게 해낼 수 있었어요. 회사원으로서의 경험이 어느 정도 장터기획 역량으로 연결된 셈이죠. 만약 제가 회사생활을 해보지 않았거나 예산을 다루는 데에 약했다면 희망시장 운영진으로서의 업무가 상당히 어려웠을 거예요. 예를 들어 장터를 운영하면서 문예진흥기금을 받았는데, 혼자서 다 정산했어요. 경험이 없었다면 힘들었겠죠.

 희망시장 실무자로서 어떤 일을 하셨나요?

　장터가 열리는 날마다 아침 일찍 와서 청소하고 현장에서 참여자들을 돕는 현장관리와 함께 온라인 카페도 운영했어요. 하지만 제가 희망시장을 관리, 감독한다고 생각하지는 않았어요. 저와 희망시장 참여 작가들은 장터를 통해 함께하는 동반자라고 생각했죠. 저는 가운데에서 다리 역할을 했어요. 예술가와 행정, 기업 사이에서 일종의 통역사 역할을 했던 것 같아요. 저는 다만 예술가들이 가진 재능을 통해 함께 성장하는 방법을 찾고 싶었어요. 잘 되진 않았지만요.

 희망시장에서 파트너십을 맺은 작가들과의 관계는 어땠나요?

　작가들은 다들 자기 작업을 하는 사람들이어서, 각자의 생각이 뚜렷했어요. 전 그게 좋았죠. 본인의 작업이나 작가로서 스스로에 대한 자부심, 그리고 자신이 하고 있는 작업에 대해 정당한 대가를 받기 위해 노력하는 모습이 좋았어요. 그런데 한편으로는 작가들이 돈을 버는 방법을 모르는 게 안타까웠어요. 브랜드를 만든다거나 기업과 연계해 캐릭터 저작권 작업을 하는 것에 대해서도 각자 고민이 많았죠. 제가 그 고민들을 해결해주진 못했지만, 얘기를 많이 듣고 도움을 주려고 노력했어요. 그 과정에서 작가들에 대해 이해하게 되었어요. 그들을 어떻게 대해야 하는지, 어떻게 대화해야 하는지 알게 되었죠. 그리고 제가 그들과 소통하는 기술을 가졌다는 것도 알게 되었어요. 예전에는 생각지도 못했던 부분이었죠.

　매주 희망시장에 참여하는 작가는 50~60명 정도였는데, 장터를 마치고 뒤풀이로 맥주 한잔씩 마시면서 친해진 분들이 10명 정도 되었어요. 그때 만난 작가들과 지금도 친구로 지냅니다. 벌써 10년째인데, 언니동생 하는 사이가 된 거죠. 그 친구들이 전시를 한다고 하면 항상 찾아가고, 책을 내면 제가 먼저 사죠. 제가 진행하는 프로젝트에서 일러스트 디자인이 한 컷이라도 필요하면 그 친구들과 연결해서 작업하기도 해요.

희망시장을 운영하면서 행정과의 파트너십이 있었다면?

마포구청의 도움을 많이 받았어요. 특히 당시 지역경제과 이준범 팀장님이 홍대 앞을 지키기 위해서 열심히 노력해주셨죠. 새로 취임한 구청장님에게 서류를 죄다 들고 올라가서 희망시장에 대해 많은 피력을 해주신 걸로 알고 있어요. 행정의 도움이 없었으면 희망시장의 명맥은 유지되기 힘들었을 거예요. 사실 법적으로 저희가 홍대 놀이터를 사용할 권한은 없었는데, 그것 때문에 많이 힘들었어요. 공원법 상 홍대 놀이터는 상행위 금지구역이고, 이걸 구실로 주변에서 민원을 넣는 일도 많았죠. 마포구청의 행정적인 도움이 없었다면 홍대 앞 희망시장도, 홍대 벼룩시장도 지속될 수 없었을 거예요.

마포구청의 제안으로 함께 마포아트센터 앞에서 '마포 희망시장'을 열기도 했어요. 2003년 5월에 처음 열려서 지금까지 이어지고 있는 마을 장터죠. 벼룩시장으로 시작했는데, 워낙 유동인구가 적은 곳이어서 처음에는 장터가 정말 휑했어요. 게다가 운영비가 너무 적어서 고생을 많이 했어요. 조 대표님의 낡은 다마스에 천막 싣고, 옮기고, 지하에서 끌어올리는 일을 우리가 다했어요. 초기에는 참가자가 10팀도 되지 않았는데, 2년째에는 70팀이 참여했어요. 그때 느꼈죠. 1년만 버티면 뭔가 되는구나 하고요.

그러다가 문예진흥기금을 받아서 어린이 문화예술교육 프로그램을 기획했어요. 마포 희망시장이 열리는 염리동 쪽에 아이들이 많아서, 그 아이들을 위해 아주 간단한 문화예술 체험교육 프로그램들을 진행했죠. 다수가 함께 즐기는 그림 그리기나 비즈공예 같은 것들을요.

 희망시장에서의 경험이 인생에서 갖는 의미는?

희망시장에서 일한 시기는 제 인생에서 가장 즐거웠던 때였어요. 사람들은 저를 사회적 기능이나 역할로서 바라보는 대신, 있는 그대로의 모습으로 봐줬죠. 한편으로는 월급을 20만 원만 받아도 행복할 수 있다는 사실을 깨달은 곳이기도 해요. 돈의 절대성과 상대성의 개념을 알게 된 거죠. 겨울날 추운 희망갤러리 안에서, 일본의 코다츠처럼 하얀색 간이탁자 안에 난로를 넣고 무릎담요를 덮고서 모여 앉아 떡볶이로 허기를 채우면서도 행복했거든요. 제게 희망시장은 그런 곳이었어요.

 홍대 근처에 작가들의 활동기반을 만드는 데 희망시장과 본인이 한 역할을 돌이켜본다면?

희망시장의 성공을 수치적으로 따져보면 별로 높지 않을 수도 있어요. 희망시장에서 스타작가가 된 사람은 극소수니까요. 하지만 지속적인 창작활동을 위한 아주 기초적인 터전을 마련했다는 것만큼은 분명하죠. 당시 주위의 친구들이나 작가들은 저의 노력을 대단하게 여길지도 모르지만, 저는 굳이 제 역할을 내세우고 싶지는 않아요. 저도 장터에 참여한 작가들한테 얻은 것들이 많았으니까요. 그들과 서로 통하고 친구가 되었다는 걸로 저로서는 충분히 많은 걸 얻었죠. 언제 어디서 이렇게 재주 많은 사람들을 만나겠어요. 그들이 정말 존경스러울 따름이고, 제가 일방적으로 그들의 생활기반을 만들어주었다는 식으로 생각하고 싶지는 않아요.

희망시장에서 시행착오를 통해 성장한 에피소드가 있으신가요?

희망갤러리 큐레이터를 맡으면서 인터뷰를 여러 번 하게 되었어요. 당시 희망시장이 이슈가 되니까 '내가 잘해서 뜬 건가?' 하는 마음이 있었던 것 같아요. 지금 생각해보면 자만심이나 공명심이 있었던 것도 같아요. 마치 '희망시장'이라는 명품 옷이 걸린 옷걸이처럼, 고작 옷걸이 주제에 명품이 된 듯한 기분이 든 거죠. 한번은 인터뷰를 하러온 기자가 이런저런 질문을 했는데, 저는 모든 질문에 같은 얘기만 반복한 거예요. '손으로 만드는 건 가치가 있다'는 식의 메시지만 계속 반복했죠. 그랬더니 나중에 서면으로 다시 정리해 달라고 재요청이 들어왔어요. 제가 한 얘기는 기사로 쓸 만한 게 아니었던 거죠.

그랬던 제가 나중에 문화예술정책, 생활예술커뮤니티, 마을공동체 등의 문화기획 일들을 하면서 200명에 달하는 사람들을 인터뷰했어요. 그때 돌이켜보면서 예전의 인터뷰이로서의 제 모습이 너무 창피했죠. 자만심도 있었고 준비도 부족했고요. 게다가 제 생각이나 철학을 정확하게 전달해야 하는데, 그때 저는 어렸고 그러지 못했던 거죠. 장터가 되었건 다른 무슨 일이 되었건 간에, 일이 잘 될수록 더욱 경계해야 하는 것 같아요.

문화장터의
지속과 확장 가능성

희망시장이 10년 이상 지속된 배경은 뭘까요?

희망시장은 공연예술 분야와의 네트워크가 매우 적었어요. 저희는 공연예술 콘텐츠를 끌어와서 장터를 꾸미는 대신, 수공예 작가들의 콘텐츠에 집중했죠. 홍대 앞에서 생활하는 수공예 작가들의 활동기반과 수익구조를 만드는 것, 바로 그게 희망시장이 가진 정체성이자 저를 비롯한 기획자들이 추구한 가장 중요한 가치예요. 이러한 장터의 순수성을 유지해왔기 때문에 희망시장이 지금까지 이어질 수 있었다고 생각해요.

외부적으로 보면 행정과의 관계가 중요했어요. 물론 장터를 만드는 데 행정과의 갈등은 불가피하지만, 상생의 공통점을 가진 공무원이나 행정가가 있다면 뭐든 가능하거든요. 장터가 단지 사람을 끌어 모으기 위한 콘텐츠로서 행정에 이용되는 경우도 있지만, 모든 공무원들이 그런 마음가짐으로 장터를 대하지는 않거든요. 젊은 세대의 행정가들 중에는 사람들이 즐거워할 만한 판을 여는 개념으로 장터에 접근하는 사람들이 분명히 있어요. 물론 공무원 사회가 아직은 관료적이고 경직되어 있어서, 그런 행정가들이 얼마나 될지는 잘 모르겠지만요.

 희망시장이 홍대 앞을 벗어나 다른 곳에서 장터를 연 경험이 있나요?

희망시장의 상설매장을 연 적이 있어요. 2005년에 명동 베이직하우스 옆 디자인정글에 DCX^{디자인콤플렉스}라는 브랜드로 편집매장^{여러 브랜드의 제품들을 일정한 아이템으로 모아 구성한 매장. 편집샵이라고도 함}을 냈어요. 지하에 70평가량의 공간이었는데, 내부를 꾸미고 2주 만에 40여 명의 판매자들을 입점시켜 오픈했어요. 희망갤러리에서 같이 큐레이터를 했던 김주라는 친구가 있는데, 그 친구를 DCX의 매니저로 초대하면서 입점 작가를 70명 정도까지 늘렸고, 사람들도 많이 모았죠. 일종의 박스매장^{박스로 구분된 공간에 각기 다른 판매자의 상품을 전시, 판매하는 매장. 박스샵이라고도 함}인 건데, 저희는 이 개념을 굉장히 일찍 도입한 편이었어요. 매출액에 따라 수수료를 차등 부과하는 방식도 그렇고요. 그런데 사실 명동은 1층이 아니고서는 고객 유입이 쉽지 않았어요. 제가 MD 역할을 맡아 5~6개월 정도 운영했는데 잘 되지 않았어요.

그러던 중 당시 에뛰드의 이민정 사장이 우리 매장에 우연히 방문했는데, 당시 새로 생기는 에뛰드하우스 명동 2호점 건물에 입점하면 어떻겠느냐고 제안했어요. 그래서 옮긴 곳이 에뛰드하우스 건물 3층이었어요. 거기서도 박스매장 개념으로 운영했는데, 오픈 후 처음 한두 달은 괜찮았어요. 하지만 역시 3층이다 보니 점점 매출이 줄어드는 거예요. 하지만 아모레퍼시픽 측에서는 저희에게 인테리어 공사비를 요구하지도 않았고, 판매 수수료도 낮게 책정하는 등의 배려를 해주었어요. 덕분에 이런저런 시도들을 할 수 있었죠. 희망시장의 작가들과 여러 가지 프로모션을 시도하기도 했는데, 잘 되진 않았어요.

180

 상설매장 운영에 실패한 다른 이유라면 어떤 것이 있을까요?

운영 자체도 어려웠거니와, 당시에 중국산 수공예품이 대량으로 수입되기도 했어요. 심지어 작가들의 작품을 가져다가 그대로 카피하는 경우도 있었죠. 이것이 해결되지 않았어요. 또 저는 개인적으로 '희망시장'을 큰 브랜드로 만들고, 거기에 작가 그룹에 따라 작은 브랜드로 세분화하는 계획을 가지고 있었어요. 하지만 이런 시스템을 제대로 구축할 힘이 없었죠. 제 능력도 부족했고, 지원이나 투자를 유치하기 위해 설득할 힘도 부족했고요.

 희망시장 참여 작가들은 작품판매로 수익을 얻었다면, 장터기획자들의 수익구조는 어땠나요?

돈은 항상 없었죠. 특히 희망시장을 운영할 때는 많이 받으면 50만 원, 장터가 열리지 않는 겨울에는 20만 원의 월급을 받았어요. 장터 참가자들에게 각각 만원의 참가비를 받으면, 그걸 모아 실무자 2명에게 각자 50만 원씩 월급 형태로 지급되었어요. 물론 출퇴근을 정해놓고 일하지는 않았지만 희망갤러리도 항상 열어야 했고 여러모로 신경 쓸 일이 많았으니까, 결코 충분하다고 할 수는 없는 수입이었죠.

이전에 제가 회사생활을 하면서 받은 임금과 비교하면 엄청난 차이였어요. 그러다 보니 돈은 있으면 있는 대로, 없으면 없는 대로 살면 된다는 생각을 하게 되었죠. 대신 어떻게든 1/n의 수익분배 구조를 지키려고 했어요. 상설 편집매장을 운영할 때도 마찬가지였어요. 작가에게 수익이 주어지는 만큼, 매장에서 일하는 매니저에게도 적절한 수익이 돌아가야 한다고 생각했어요. 그래서 어떻게든 월급을 만들어주려고 노력했는데, 생각만큼 잘 되지는 않았어요.

문화기획자로
자립하기까지

 희망시장에서 나와 새로운 일을 시작하게 된 과정은?

희망시장에서 활동하면서 직간접적으로 알게 된 사람들 4명과 함께 2006년 2월 웹 에이전시 겸 기획사 '내용연구소'를 창업했어요. 저를 포함한 5명이 수익을 1/n로 배분하는 조합 형태를 추구했는데, 저희가 20대에서 30대 초반의 청년들이다 보니 영업에 미숙하기도 했고 수익을 만드는 구조가 원활하지 않았어요. 기획 분야에서 지속적으로 영업과 실무, 기획까지 해야 운영자금이 확보되는 형태다 보니 1/n의 수익분배에 불만이 쌓이기도 했죠. 애초부터 실험적인 의미의 창업이었는데, 시행착오를 겪으면서 실험을 마친 셈이에요. 현재는 구성원들이 각자의 길을 가고 있죠.

 내용연구소 이후에는 어떤 일을 하셨나요?

내용연구소의 경험을 토대로 함께 일했던 유진이라는 친구와 둘이서 2006년 12월 가치창조공동체 '곰곰꼼꼼'을 시작했어요. 한국예술종합학교 예술경영과 전수환 교수님이라고 계신데, 문화예술 분야에서 여러 연구들을 하고 계셨어요. 교수님이 연구사업 가운데 질적 연구를 위한 인터뷰를 맡아보지 않겠냐는 제안을 하셨어요. 인터뷰이의 이야기를 그대로 전달하고 발전방안 연구에 같이 참여하기도 했죠. 그때 교수님이 저에게 '듣는 귀'가 있다고 말해주셨어요.

그 일을 하면서 제가 인터뷰를 하고 정보를 모아오는 것이 다른 사람들에게 효과적으로 전달된다는 것을 알았어요. 그래서 유진이 가진 전략분석의 장점과 저의 현장관찰의 장점을 모아 문화예술 관련 전략, 연구, 평가, 프로젝트 기록 등에 특화된 조직을 만들기로 했습니다. 저는 주로 2007년부터 성남문화재단 사랑방문화클럽, 동네 만들기 지원센터 등의 문화활동 자료집을 만들었어요. 그와 동시에 동네 만들기 사업과 관련해서 2개의 동네 팀장을 맡아 주민공동체를 기획·모집하고, 프로그램을 만들기도 했죠.

본격적으로 문화기획자가 되면서 느낀 변화는?

희망시장은 제도권 밖에 있었고, 그래서 마음껏 할 수 있는 자유가 있었어요. 그런데 문화연구 분야는 학계와 연계되어 있어, 그 부분이 좀 어렵더라고요. 문화예술 영역이 학력이나 여러 부분에서 공고하잖아요. 하지만 곰곰꼼꼼 이후 만난 지역과 마을 공동체의 주민들을 대하는 데에는, 희망시장의 예술가 집단과의 커뮤니케이션 경험이 많은 도움이 되었어요. 커뮤니케이션의 대상이 다를 뿐, 추구하는 핵심적 가치는 같으니까요. 게다가 홍대 앞에서 4년간의 경험을 통해 어느 정도 트렌디하고 독특한 콘텐츠들을 주민들에게 보여줄 수도 있고요.

 희망시장 이후에도 장터기획을 맡은 적이 있으신가요?

2012년에 동대문 '봄장' 기획에 참여했어요. 그 전까지 취미공동체와 주민공동체 관련한 일을 했는데, 희망시장의 조윤석 대표가 봄장을 새로 기획하면서 저에게 도움을 요청했죠. 봄장 초기의 멤버들이 다양했고, 그런 면에서 봄장이 플랫폼 역할을 한다고 생각했어요. 요즘은 많은 사람이 장터를 하나의 플랫폼으로 보지만, 당시로서는 신선한 기획이었어요. 여러 무형의 테마를 녹여낸 장터를 기획하는 건 저희가 처음이었죠. 이를테면 '맛장', '멋장', '여행자장', '놀장' 같은 거예요. 뛰어노는 체육운동이 아닌, 누구나 생동감 있게 움직이는 '시민운동장'의 개념을 봄장이 처음 만들었죠.

특별한 장터를 만들기 위해 새로운 카테고리를 계속 개발했고, 콘텐츠를 다양하게 기획해서 넣으려고 했어요. 조윤석 대표의 힘이 컸고, 서울디자인재단의 콘텐츠나 인력 지원도 있었죠. 그렇게 여러 가지를 시도할 수 있어서 재미있었는데, 생각보다 잘 되진 않았어요. 장터가 열리는 장소가 공사장 바로 뒤여서, 사람들의 접근성이 떨어졌던 거죠. 그럼에도 저는 봄장이 지금의 장터들에게 끼친 영향이 굉장히 컸다고 생각해요. 알게 모르게, 장터에 대한 새로운 개념들이나 이름까지도 봄장에서 만들어진 부분이 많거든요.

 현재 대표로 있는 별일사무소에서는 어떤 일을 하고 있나요?

별일사무소는 이전의 곰곰꼼꼼을 법인으로 전환하면서 2014년 5명의 공동창업으로 시작된 기업이에요. 문화기획사를 지향하는 기획 집단으로 여러 가지 일을 하고 있죠. 현재는 콘텐츠 제작에 특화되어 있고, 대화모임 같은 모임 코디네이터도 추진 중이에요. 사람들과의 인터뷰나 현장 취재, 탐사를 통해서 커뮤니티 맵핑을 진행하고, 이걸 통해서 지역의 특징을 잡아내는 작업을 해요. 곰곰꼼꼼 시절부터 특화된 문화예술 기록 작업도 계속하고 있고요. 서울문화재단, 중구문화재단, 안양문화예술재단, 성남문화재단, 제주문화예술재단 등 문화예술재단의 연구사업 및 기록집, 환경청의 가이드북 등의 디자인 작업을 하기도 하죠.

질문 현재 자신이 가진 문화기획자로서의 정체성을 설명한다면?

저는 일종의 통역가라고 생각해요. 말, 글, 콘텐츠를 통해, 서로 같은 듯 다른 사람들의 이야기들을 이어주는 통역가이죠. 한 쪽의 이야기가 저를 통해 다른 언어로 전달되는 거예요. 그러면서 행사나 프로그램이 만들어지는 등 여러 형태들이 생겨나는 거예요. 문화통역가라고나 할까요. 하지만 솔직히 아직도 문화기획이란 것을 잘 모르겠어요. 제가 문화를 기획할 수 있는 사람인지도 모르겠고요.

함께 성장하는
청년들의 삶

질문 희망시장과 지금의 여러 수공예 장터들을 비교한다면?

많은 사람들이 작가들을 판매자의 개념으로 접근하는데, 저는 작가는 판매자가 아니라고 생각해요. 저희가 판을 열면, 작가들이 와서 장터를 풍성하게 만들어주는 거죠. 풍성한 장터가 꼭 '물건이 많이 팔리는 장터'를 의미하는 것은 아니에요. 그런데 요즘 장터를 보면 잘 팔리는 물건을 만드는 판매자들을 많이 모으는 데에만 치중하는 면이 있어요.

한편으로는 장터에 참여하는 작가들도 많이 변한 것 같아요. 예전의 희망시장에는 물건을 팔려고 한다기보다, 자신의 작품을 선보이고 싶다는 생각으로 장터에 나오는 작가들이 많았거든요. 작가가 어떤 아이디어로 시작해서 어떤 재료를 어떻게 구해서 어떻게 만들었다는 식의, 작품에 대한 아기자기한 이야기들이 많았어요. 그런데 요즘의 수공예품은 사람이 만든 것에 대한 의미만 남은 채 상품으로 취급되는 경향이 있는 것 같아요. 저는 희망시장에서 두 가지 경우를 다 겪었죠. 멋모르고 자기 작품을 갖고 나왔다가 작품활동을 열심히 하게 된 경우도 봤고, 생활을 영위하기 위해 작품을 갖고 나왔다가 나중에 먹고사는 쪽으로 빠지시는 분들도 봤어요.

수공예의 층은 굉장히 다양해요. 본인이 처음부터 기획하고 원단까지 디자인해서 만들기도 하지만, 기존에 있는 형태를 똑같이 재연해서 만들기도 합니다. 일단 손으로 만든다는 점에서는 같은 가치를 지니지만, 사람들이 어떤 작품을 더 좋아하느냐와 사람들에게 자신의 작업을 어필하기 위해 작가가 얼마나 노력했느냐에 따라 작품의 가치가 결정되죠.

이상적인 문화장터 기획자의 자질은 무엇이라고 생각하나요?

첫째로, 어떤 장소에 장터를 열겠다는 생각이 들면, 일단 그 장소의 특성을 생각해야 해요. 그건 지역적 특성, 모이는 사람들의 특성, 또는 사람들의 기호에 대한 특성이 될 수도 있죠. 주민공동체를 만들면서 이런 부분에 대해 많이 느꼈어요. 프로그램을 만든다고 하면, 그 프로그램에 참여하는 사람들이 즐거워할 만한 것을 만들어야 하거든요. 무조건 색다르고 재미난 걸 만들기를 원하는 기획자들도 있지만, 정말 중요한 것은 그 지역의 사람들이나 방문객들이 '원하는가'이죠.

두 번째로, 개인의 다양한 경험과 관심이 특색 있는 장터를 만드는 데에 많은 도움이 된다는 사실이에요. 저는 어린 시절부터 어머니의 영향으로 예술의 역할과 속성에 대해 자연스럽게 알게 되었어요. 희망시장은 예술장이고, 그래서 자연스럽고 편하게 거기에서 일할 수 있었던 거죠. 개인의 삶이 장터와 맞닿는 부분이 있어야 해요. 예를 들어, 먹거리를 테마로 하는 장터라면 음식을 좋아하거나 먹거리의 중요성을 이해하는 사람에 의해 만들어지는 거죠.

세 번째로, 참여자들의 마음을 알아야 해요. 제가 처음에 물건을 만들어야겠다고 생각한 건, 참여자들의 마음을 알아보고 싶어서였어요. 작가들은 어떤 마음으로 물건을 만들고 난장을 펴는지, 그걸 알아야 그들과 이야기할 수 있을 것 같았죠. 수공예품을 만들어 봐야 장터에 참여하는 작가들의 마음을 알 수 있어요. 자신이 만든 작품이 하나도 안 팔릴 때, 또는 잘 팔릴 때의 마음이요. 그리고 그걸 알게 되면, 장터 참여자들을 어떻게 대해야 할지도 알게 되죠.

문화기획을 꿈꾸는 지금의 청년들에게 해주고 싶은 조언이 있다면?

사실 희망시장을 시작하던 때의 조윤석 대표나 저는 어떻게 보면 시대를 잘 타고 태어난 거죠. 우리는 무언가를 실행하는 데에 거침이 없었어요. 하지만 요즘의 청년들에게 일은 생존이잖아요. 먹고살아야 하는데, 뭔가 새로운 도전을 하기엔 두려움이 앞서죠. 새로운 분야에 도전했는데 정작 일자리를 얻지 못할 수도 있으니까요. 그리고 요즘의 많은 청년들은 무게감 있는 일을 맡지 못해요. 비정규직, 단기알바, 열정노동 등으로 소모되다 보니 비중 있는 일을 하지 못하죠. 저는 회사에 다니면서 비중 있는 일들을 해봤기 때문에 아무렇지 않게 희망시장을 맡았는데, 요즘 젊은 친구들은 그럴 기회조차 없는 거예요. 저는 이게 너무 안타까워요.

지금 제가 운영하고 있는 별일사무소는 저와 동료들이 50만 원씩 투자하면서 공동으로 창업했어요. 모든 직원이 이사이고, 이사들의 선임으로 저는 대표이사가 되었죠. 그래서 모든 직원이 동등해요. 당연히 구성원들 간의 역량 차이가 있고, 처음 사업을 시작할 때는 그 때문에 힘든 부분이 있었어요. 누구는 다른 사람보다 일을 더 치고 나가야 하고, 누구는 영업을 해야 하고, 누구는 프로젝트 매니저 역할을 해야 하죠. 하지만 다들 이런 개인들의 차이를 감안하면서 함께했고, 모든 동료들이 주인의식을 갖고 있어요. 역량이 좀 더 많은 다른 동료를 백업하는 역할을 하는 사람들도 아주 의연히 받아들이고 잘 따라오는 거죠. 그러다 보니 저도 깜짝 놀랄 정도로 다들 많이 성장했어요. 요즘에는 오히려 제가 의지한다니까요. 그래서 저는 청년들이 이런 기회를 갖는 것이 굉장히 중요하다고 생각해요.

요즘 젊은 친구들은 잘해야 된다는 강박이 너무 강해요. 물론 저 또한 잘하고 싶고, 그럴 각오도 당연히 있어요. 하지만 경험이 부족한 젊은 나이에는 당연히 못할 수밖에 없어요. 자꾸 해봐야 느는 거잖아요. 자신이 못할 수밖에 없다는 사실을 자연스럽게 인정해야 해요. 그런데 많은 청년들은, 못한다고 인정하는 순간 자신이 낙오될 것이라고 생각하는 것 같아요. 정말 중요한 건 잘한다거나 못한다는 문제가 아니라, 같이 성장할 지점을 발견하는 것인데 말이죠.

질문 10년 뒤 자신의 삶을 상상해본 적이 있나요?

가끔 지금처럼 취재하고 뛰어다니는 일을 몇 살까지 할 수 있을지 생각해보는데, 아무리 오래 해봤자 쉰 살 정도까지일 것 같아요. 그 정도 나이가 되면 어딜 가도 사람들이 쉽게 애길 털어놓지 않을 거예요. 제가 더 이상 젊지 않고, 젊은 사람에게 조금은 어려운 '어른'이 되어 있을 테니까요. 그때는 제가 실무 현장에서 뛸 수 없을 거라는 생각도 들어요. 하지만 돌이켜보면, 저는 현장에서 희열을 느끼는 사람이에요. 사무실에 앉아서 무언가를 가이드하고 총괄하는 일을 즐기는 사람이 아니죠. 그래서 어떻게든 현장에 남으려고 노력할 것 같아요. 어떤 형식과 형태일지는 모르겠으나, 현장에 계속 남고 싶어요.

질문 일반적으로 바라는 삶을 버리고 대안적 삶을 개척해온 자신의 선택을 돌이켜본다면?

저는 아직 일반적 삶에서 벗어났다고 생각하지 않아요. 저는 언제든지 회사를 다시 갈 수 있고, 언제든지 결혼을 할 수 있어요. 다만 하지 않을 뿐이죠. 30대 중반 즈음에 제 삶이 완전히 바뀌었다고 느꼈는데, 사실 희망시장에 처음 발을 들인 순간부터 이미 제 삶이 달라졌던 것 같아요. 당시 저는 여러 면에서 고갈되어 있었고, 희망시장은 살아갈 터전이었다기보다는 마냥 좋아서 자꾸 놀러가는 곳이었어요. 집이 고대 쪽이었는데, 홍대까지 한 시간 걸려서 와서 잠깐이라도 사람들 만나고 놀다 가고, 별일 없어도 희망갤러리에 몇 시간이고 있다 가고 그랬거든요. 그러면서 일반적으로 패턴화된 삶에서 서서히 벗어난 것 같아요.

가족들도 큰 힘이 되었어요. 아버지가 일찍 돌아가셔서 회사에 다니면서 가장 역할을 해왔죠. 그러다가 갑자기 '하고 싶은 대로 한번 살아 보겠다'고 선언했는데, 엄마와 동생이 저를 이해하고 지지해 주었던 거죠. 덕분에 서른 살부터 지금까지 이렇게 살 수 있었던 거예요.

그리고 또 하나는, 직업을 바꾸는 것을 두려워하지 않았어요. 실은 얼마 전에 일자리 제의가 들어온 적이 있어요. 이 나이에 그냥 취직하기도 어려운데, 고정적인 수입이 보장된다고 하니 솔직히 살짝 흔들리기도 했어요. 하지만 지금 하는 일이 청년들이 다른 삶을 꿈꾸는 데 약간의 도움이라도 될 수 있다고 생각해요. 애초에 저 스스로도 다른 삶을 꿈꾸면서 이 일을 하게 된 것이고요. 사회적으로 소모되는 톱니바퀴가 되고 싶지는 않아서 이 길로 왔으니까 이대로 계속 가보는 거죠.

지향점이나 목표가 뚜렷하지는 않아요. 하지만 여태까지 오는 동안 크게 잘못되지 않았고, 앞으로도 크게 잘못되지 않을 것이라는 믿음도 있어요. 지금 옆에서 함께하는 동료들도 든든해서 의지가 되고, 다 같이 가겠다고 똘똘 뭉쳐진 마음이 있기 때문에 충분히 잘해낼 것이라고 생각하죠.

　개인적으로도 지금의 제 삶에 만족하고 있어요. 예전에는 제 친구들이 저를 부러워하기도 했어요. 결혼도 안 했지, 애기도 없지, 마음 편하게 살고 있지, 게다가 홍대라는 트렌디한 공간에 계속 다니지……. 그러다가 요즘엔 좀 걱정하죠. 나중에 늙어서 아픈데 죽 한 그릇 끓여줄 사람 없으면 어떡하냐면서요. 결혼하고 아이 키우면서 남편이 가져다주는 돈으로 사는 것도 어느 정도는 궁금하기도 해요. 그래도 저는 제 삶이 제일 만족스러워요.

* 희망시장 이초영의 이야기는 김동민이 썼다.

1세대로서 보는 문화장터와 문화기획
조윤석

홍대 희망시장에 어느 날 험상궂게 생긴 두 청년이 찾아와 좌판을 깔았다. 희망시장은 사전 등록한 사람만 참여할 수 있다. 이들은 일종의 불청객이었다. 심지어 그들은 말수도 적고, 덩치는 크고 눈빛은 매서웠다. 주로 여성들로 구성된 희망시장 활동가들은 갑작스럽게 찾아온 이 청년들에게 겁을 먹었다. 졸지에 남자라는 이유로 호출된 조윤석은 바짝 긴장한 채 이 불청객 청년들에게 말을 걸었다. 이곳에는 혼란을 막기 위한 사전등록 절차가 있다고, 절차를 어겼으니 일단 오늘은 돌아가는 것이 좋겠다고 조심스럽게 그의 뜻을 전했다. 무뚝뚝한 청년들은 그런 건지 몰랐다며 짐을 쌌다. 문득 그들에게 호기심이 생긴 조윤석은 무엇을 하는 사람이냐고 물었고, 그들은 '인천에서 활동하는 음악가이올시다'라고 대꾸했다. 황신혜밴드의 베이시스트였던 조윤석은 그들의 야성적이고 위트 있는 음악에 반했다. 그리고 쉰을 바라보는 나이에, 20대 초중반의 뮤지션들에게 '내가 너희의 베이시스트가 되어도 되겠냐'고 제안했다. 이렇게 만들어진 밴드가 바로 '아나킨 프로젝트'이고, 그들은 10년이 넘게 홍대씬을 신나게 누비고 있다.

아나킨 프로젝트는 조윤석이라는 캐릭터를 아주 잘 보여준다. 그는 권위나 위계 없이 다양한 사람들과 모습을 바꿔가며 즐겁게 어울린다. 자유로운 영혼이라는 단어는 그를 위한 것일 게다. 그는 다양한 정체성을 가진 사람이다. 때론 예술가이지만 때론 뮤지션이고, 때론 문화기획자이지만 때론 귀농을 한 농업·생태 활동가이며, 어떨 때는 건축가로 변신하기도 한다. 그는 즐겁지만 기괴하며, 유쾌하지만 가볍지 않으며, 자유롭지만 사색의 깊이를 잃지 않는다. 이렇게 부지런히 여러 영역을 오가며 재미있고 새로운 일을 벌이던 그가, 그와 비슷한 자유로운 영혼을 가진 친구들과 함께 홍대 앞 놀이터에서 '희망시장'을 만들었다.

세상살이가 팍팍해지면서 자유의 대가도 비싸지는 것 같다. 음악가도, 화가도, 실험적 예술가들도, 문화기획자들도, 심지어 이들과 어울리는 장사꾼들도 점점 기운을 잃어가고 있다. 그는 희망시장에서 예술가와 문화기획자들이 공생할 수 있는 유통의 대안을 만들고자 했고, 다양한 지역에 다양한 방식의 대안적인 문화장터들이 생겨나길 희망했다. 그래서 근래 생겨난 문화장터 열풍은 그에게 감회가 남다른 듯했다.

희망시장의 시작을 연 조윤석의 이야기와 함께 이 책을 닫는다.

 이 책 원고를 읽고 어떠셨나요?

너무 짠하네요. 고생들도 많았고. 처음 희망시장을 만들었을 때, 언젠가는 이렇게 많은 사람들이 전국 곳곳에 다양한 문화장터들을 만드는 날이 올 거라고 생각했어요. 그런데 요 근래 정말 그렇게 되는 것 같아 마음이 참 뭉클하기도 합니다.

 희망시장을 시작할 때 이야기를 좀 해주세요.

희망시장은 원래 예술작품의 중저가 거래를 위해서 만들어졌습니다. 당시 예술계의 관행에 문제가 있다고 생각했거든요. 대학에서 미술을 배우는데, 대학의 교수들이 그림을 못 파는 겁니다. 미술시장이 제대로 형성되어 있는 것도 아니었고, 일부 페인팅 화가들만 그림을 팔 수 있었죠. 일반적으로 미대 나와서 그림 팔아서 먹고사는 분위기가 아니었어요. 학력 문제도 심했습니다. 당시에는 예술가가 서울대 출신, 홍대 출신, 그리고 기타가 있다고 이야기할 정도로 학력 편중이 심했어요. 전반적으로 미술계가 심하게 왜곡되어 있었죠.

당시 제 동기들은 학원에서 그림을 가르치는 일을 했어요. 돈을 많이 벌었죠. 하지만 그림은 가르치는 것과 그리는 것이 아주 다릅니다. 그림을 그리고 사는 행위는 특별한 경험이에요. 소비자 입장에서 그림을 사는 행위는 책을 사는 것과 비슷한 면이 있어요. 지적인 작업이기도 하고, 감성적인 작업이기도 해요. 이런 경험을 보다 많은 사람들이 할 필요가 있고, 그래서 미술품의 중저가 시장이 필요하다고 생각했어요.

희망시장이 미술품 중저가 시장이 아니라, 수공예품 시장으로 넘어간
이유가 있을까요?

　홍대 앞 놀이터에서 장터를 펼쳐놓고 보니, 그림이 생각보다 안 팔리
더라고요. 예술가들이 본격적으로 시장을 만난 거였는데, 처음에는 고
전했습니다. 그러다가 한 작가가 당시에는 좀 낯설었던 비즈공예 액세
서리를 자신의 작품과 함께 걸어두었어요. 그게 불티나게 팔렸습니다.
그러다 보니 다른 작가들도 따라하게 되었고요. 시장 속에서 자연스럽
게 콘텐츠가 조절된 겁니다. 그래서 희망시장 자체는 수공예 제품을 중
심적으로 다루게 되었고, 예술작품은 희망갤러리와 같은 다른 방식을
찾은 겁니다.

　희망시장에 참여하는 작가들은 희망갤러리에서 작품을 많이 전시했
습니다. 이 과정에서 굉장히 많은 작가들이 학력과 관계없이 작품만으
로 미술계에 데뷔를 할 수 있었어요. 이걸 해냈다는 것이 중요했지요.

희망시장의 발전은?

　희망시장은 나름 잘 성장해 나갔다고 생각합니다. 할 수 있는 것은 많
이 했습니다. 희망시장을 중심으로 수공예 작가군이 광범위하게 생겨났
죠. 등록된 작가만 1,000명이 넘을 겁니다. 그리고 홍대 앞 놀이터만이
아니라, 편집매장의 형태로 실험하기도 했습니다. 예산이 부족해서 성
공하지는 못했지만, 아이템이 여기저기에 퍼져 나가며 수공예 작가의
저변이 넓어졌다고 생각합니다. 희망갤러리처럼 작가들의 작품활동을
지원한 것도 있었습니다. 또 마포 희망시장처럼 지역 사회에 보다 깊게

196

스며들어 문화활동을 수행하려는 시도도 있었죠.

아쉬웠던 것은 희망시장이 홍대 앞 놀이터에서만 가능했다는 것이었습니다. 10년 동안 다양한 곳에서 희망시장과 같은 것을 만들고자 노력했지만, 성공하진 못했어요. 같은 아이템이 단순 반복된 수준이었으니까요. 사실 사람들은 홍대 앞을 만들고 싶어 했습니다. 자기가 살고 있는 지역이 홍대 앞처럼 되길 원했어요. 하지만 그게 되나요. 홍대 앞에는 홍대의 특수성이 있고, 다른 지역들은 그 지역 고유의 맥락이 있어요.

희망시장과 같은 대안문화장터가 본격적으로 확산되기 시작한 것은 2011년 즈음부터일 겁니다. 박원순 시장이 당선되면서부터인 것 같은데, 아마 영등포 달시장 같은 곳에서 지역 사회에 밀착한 문화장터의 모델이 설계된 것도 영향이 컸던 것 같고요. 그리고 다양하게 발전해 나갔는데, 이런 모습을 보면 정말 감회가 새롭습니다.

질문 청년 기획자들의 이야기는 어떠셨어요?

청년 기획자들이 굉장히 다양했어요. 장터의 다양성에 기여한 바가 아주 크다고 봅니다. 게다가 다양성의 층위가 깊습니다. 우선 테마가 아주 다양해졌어요. 서론에서 잘 짚고 있듯이 수공예뿐 아니라, 과자, 장난감, 성인물, 마을, 생태, 농산물 등 장터에서 다루는 테마가 아주 다양해졌습니다. 그런데 테마만이 아니에요. 장터가 열리는 공간도 아주 다양해졌습니다. SNS도 적극적으로 활용하는 것 같고요. 도떼기마켓 같은 경우는 한 장소에 머무는 게 아니라, 다양한 지역을 옮겨가며 열리잖아요. 자체 팬덤을 확보한 거죠.

프랑스 살롱의 경우 마담이나 매니저가 유명한 곳이 있습니다. 이런 살롱은 특정 건물에서 오래 장사를 하다가 옮겨야 하면, 살롱을 따라 손님들도 옮겨가죠. 사실 이런 문화가 널리 퍼져 있으면, 건축주들이 집값을 함부로 올리지 못할 것입니다. 여하튼 장소를 옮겨가면서 장터를 여는 모습을 보니, 이런 살롱 방식이 떠오르기도 하더군요. 나이 든 기성세대들은 기존에 했던 실험을 그대로 반복하는 보수적인 습성이 있습니다. 하지만 이렇게 다양한 테마의 실험은 분명 청년들이 가진 고유한 생명력이라고 봅니다.

지금 문화장터의 가장 큰 힘은 다양성이 살아 있다는 것 같아요. 생태계에서도 종의 진화는 다양성에서 비롯되잖아요. 다양하게 있으니까 서로 경쟁도 하고, 이기기도 하고 지기도 하면서 더 나은 방향으로 나아가는 거죠. 지금 국악을 보면, 정부가 무형문화재로 지정해서 지키려고 노력하지만 잘 안 되잖아요. 시대가 지나가서 그런 게 아니라고 봐요. 예전에 1920년대 빅터 유성기로 녹음된 당시 소리를 들은 적이 있는데, 최근 극장에서 조용히 앉아 듣는 국악과는 전혀 다른 음악이더군요. 사람들 사이에서 실제 생명력을 갖고 있었어요. 자기 마음대로 부르는데, 그게 듣기에 나쁘지 않았거든요. 지금 국악은 삶 속에 녹아 있는 게 아니라, 그 시대에는 살아 있던 음악을 머리, 꼬리 떼고 몸통만 남겨 박제를 만들어놓은 느낌입니다. 그리고 그것만 배우죠. 행정이 잘못 개입하면 이렇게 획일화되면서 생명력이 사라져버려요. 삶 속에서 함께 살아 있어야 해요. 그 안에 다양성이 있어야 하고요.

지금 문화장터에는 이런 다양성이 있습니다. 젊은 친구들이 주도하는 생명력이 뚜렷하게 감지돼요. 그래서 쉽게 무너지지 않을 거라고 생각하고요. 더 좋은 문화로 진화할 것이라고 믿습니다.

 선배기획자로서 긍정적으로 본 부분과 부정적으로 본 부분은?

우선 긍정적으로 본 부분은 '여기서 이기는 경험을 하고 있구나' 하는 생각이 들었다는 겁니다. 요즘 청년들은 거절당하는 게 일상이죠. 지금도 힘들지만, 앞으로 경제나 일자리 이야기를 하면 더욱 힘들어질 것이라는 전망이 많죠. 그래서 언제나 위축되어 있잖아요. 가장 혈기왕성해야 할 시기에 말입니다. 그리고 이겨본 경험이 없기 때문에, 이기기 위해 자신들이 무엇을 해야 하는지 잘 모르는 것 같아요. 안타깝죠.

홍대 앞에서는 성미산대첩이라고 부르는 사건이 있었어요. 이명박 서울시장 시절에 성미산을 개발하겠다고 해서 논란이 많았던 사건이죠. 결국 동네 아저씨들이 막아냈죠. 그때 보니까 이 운동권 아저씨들 정말 똑똑하더라고요. 당시 서울시가 내건 이유가 '수도시설 확충'이었는데, 주민들이 그 이유의 부당함을 조목조목 반박하며 그 정책이 개발업자들의 배를 부르게 하기 위해 성미산을 파헤치려는 것임을 증명한 거예요. 오랜 싸움이었어요. 결국 마을 주민들이 이겼습니다. 마지막에 주민투표까지 가서 당시 서울시의 시도를 무산시켰죠.

그 이후였던 것 같아요. 홍대 앞에서는 무슨 일만 생기면 협의회 같은 것을 만들어 대책을 논의하는 테이블을 마련하더군요. 실험예술전용극장 씨어터제로 사건, 클럽 바다비가 문 닫을 위기, 두리반 철거 등의 사건이 생길 때, 굉장히 쉽게 대책위원회가 만들어지는 경향이 있습니다.

저는 이런 경향이 성미산대첩에서 지역주민들이 함께 뭉쳐 이겨본 경험에서 비롯된 것이라고 생각해요.

문화장터를 만드는 친구들도 혼자 그 장터를 만들어낸 것은 아니죠. 동료들과 함께 장터를 만들며 온갖 갈등을 극복하고, 뭣보다 재미있게 성공적인 프로젝트를 해낸 거잖아요. 이런 경험은 정말 소중합니다. 그리고 이렇게 이겨본 경험이 이후에도 이길 수 있는 힘을 준다고 봅니다. 함께하는 동료들을 만들어내기도 하죠.

페이스북이나 애플같이 세계적으로 유명한 기업을 보면, 지도층은 일종의 공동체 성향을 띄고 있어요. 그들 사이에서 갈등이 생기면 그룹 전체가 흔들리기 때문에 갈등관리를 굉장히 세밀하게 합니다. 협력이라는 덕목은 복잡한 현대사회를 살아가는 핵심적인 생존전략일 가능성이 높다고 봅니다. 문화장터에 모인 청년들은 분명 이런 협력의 덕목을 몸으로 익힌 듯했습니다. 앞으로도 좋은 일들을 많이 해나갈 수 있겠죠.

질문 우려되는 점이 있다면?

이런 이야기를 하면 꼰대라 그러던데……. 장터기획자들 중에 일부는 돈을 많이 벌기도 할 겁니다. 돈의 여부를 떠나서 성공적인 프로젝트를 해내기도 하고, 또 다른 활동의 기회를 많이 갖기도 합니다. 그럴 때 방향성을 생각하면 좋겠다고 생각해요.

저희는 '대안'적인 삶을 위해 장터를 만들었지요. 너무 돈만 밝히는 세상에 질색할 지경이었거든요. 제가 어렸을 때 할머니가 불렀던 노래 가사에, '아무리 큰소리를 쳐도 돈이 없으면 죽은 목숨'이란 말이 있었어요.

그 시대는 이렇게 돈을 밝히는 세상이 아니었거든요. 할머니가 어쩌다 그런 노래를 부르셨는지 지금도 궁금하지만, 여하튼 지금 같은 세계가 만들어진 게 얼마 되지 않는다는 거예요. 너무 빨리 변하고, 돈 없으면 숨도 못 쉬는 세상이 되어버린 거죠.

제가 홍대 앞 문화에서 제일 자랑스러워하는 부분은 돈 없고 못 배운 남자도 기타 좀 치면 기죽지 않고 연애를 할 수 있는, 우리나라에서는 유일한 지역이라는 점이에요. 우리가 흔히 펑크족이라 할 때 펑크는 음악 장르라기보다는 삶의 방식에 가까워요. 거기에 속하면 어느 누구도 연애에서 소외되지 않아요. 모두 연애를 하지요. 음악은 사랑이니까요. 하지만 일반적으로는 안 그래요. 아니 못 그러죠. 모든 것들이 경제적인 배경이 있어야 가능해지고 있습니다. 우리 때는 아무리 굶어도 연애를 못한다는 생각은 안 했을 거예요. 지금은 아니죠. 교회가 아무리 모순이 많아도 사람들이 찾는 이유는 외롭기 때문일 겁니다. 교회 안 가는 사람들을 위한 교회가 있어야 한다는 생각도 들어요.

그래서 저희는 노머니 마켓no-money market이라는 걸 실험한 적이 있었어요. 박활민이라는 예술가가 주도한 것이었는데, '노머니'라는 말만 하면 사람들이 오해를 많이 하니까 앞에 "돈이 싫다는 것은 아니고요"라는 말을 붙였죠. 그리고 화폐가 아니라 대안화폐에 대한 제안도 하는 겁니다. 시장에서 거래되는 돈의 일부를 대안화폐로 하고, 시에서 교통비 등으로 사용할 수 있게 제도적 장치를 두면, 돈에만 매몰되어 있는 요즘 세상에서 좀 숨통이 트일 수 있지 않을까요? 성남시에서는 이미 '품'이라는 대안화폐를 실험하고 있어요.

저희가 이야기하는 대안과 방향성은 이런 겁니다. 젊은 기획자들도 함께 해주면 좋겠지만, 저희의 방식을 따를 필요는 없어요. 나름의 맥락과 활동영역 안에서, 방향성을 고민해준다면 고맙겠다는 생각을 해요. 개인적으로는 돈이 없어도 살 수 있는 삶의 터전, 이런 걸 기획자들이 함께 만들어 가면 좋겠다고 생각합니다.

앞으로 어떤 삶을 살고 싶으세요?

그냥 이대로. 바람이 있다면 운동을 조금 더 하는 정도예요. 닐 영^{Neil Young} 같은 사람을 보면 앞으로 어떻게 살아야 할지 힌트를 많이 얻어요. 그러니까 그냥 이대로 살아도 될 것 같다는 거죠. 나이 들어도 지금처럼 음악하고, 머리 기르고, 펑키한 정서로 살아도 될 것 같아요. 후배들을 만났을 때, '윤석이 형'이 언제나 비슷한 모습으로 자리를 지키고 있는 것도 매력적이잖아요. 닐 영을 보면 별로 힘들이지도 않고 그렇게 계속 살아가더군요. 저도 10년이 지나면 60이 넘는데, 그때도 지금처럼 살아도 괜찮을 것 같다는 생각을 합니다.

제가 젊었을 때 〈지옥의 묵시록〉이란 영화가 무척 인기 있었습니다. 주인공인 마론 브랜도는 미국의 육사 웨스트포인트 출신의 완전 엘리트 장교인데 40이 넘어 공수부대를 현역으로 재입대합니다. 열정적으로 살잖아요. 언제나 사병인 거죠. 그런 모습이 참 감동적이었어요. 체 게바라도 마찬가지잖아요. 낭만적이죠.

그런데 요즘은 어른이 되어도 괜찮겠다는 생각을 할 때도 있습니다. 그런 생각을 한 계기가 있었어요. '만권당'이라는 말이 있습니다. 좋은 책을 만 권 모으면 세상을 바꿀 수 있다는 말이래요. 책이 귀했던 옛날에는 '만 권'의 책이란 이 세상 모든 지식을 뜻하는 것이었겠죠. 우리나라 역사에서 만권당이 두 번 있었어요.

처음은 고려시대에 충렬왕이 '만권당'을 만든 적이 있습니다. 고려의 왕이 되었지만, 정치적 실권을 잡지 못해 중국으로 돌아가서 한 일이 만권당을 만든 거였죠. 그 곳에서 원나라의 당대 최고 석학들을 불러 지금 이야기로 하면 심포지엄이나 세미나를 계속 연 거예요. 여기에서 고려가 조선으로 넘어갈 때 배경이 된 각종 사상적 대안들이 모두 만들어집니다. 신진사대부가 여기서 나온 거죠. 정도전 같은 사람들이 이 무리에서 성장했어요.

일제강점기에도 대구에 만권당이 있었어요. 남평 문씨 집안에서 만든 것인데, 전국의 유생들이 대구에 모여서 함께 연구하고 토론했습니다. 한 달에 쌀만 40~50가마니를 먹었다고 하니, 그 규모가 짐작이 되죠. 식민지가 된 나라에 대해 고민하는 지식인 그룹이 크게 두 분류가 있었는데, 그 중 하나는 일본 유학파였어요. 이들은 사회주의 담론을 다져왔죠. 그리고 대구의 남평 문씨 집안을 중심으로 민족주의 사상이 만들어져요. 그런 지적 영향으로 국채보상운동이 일어난 거죠.

대구에서 프로젝트가 있어서 몇 달 오간 적이 있었어요. 그때 남평 문씨 집안의 후손인 어르신을 만난 적이 있습니다. 그 분이 활동하시는 모습이 무척 인상적이었습니다. 대구에서 일어나는 여러 활동을 지켜보다가 후배들이 버거워하는 일을 만나면 슬그머니 개입해서 도와주시는 거예요. 지역의 어른들을 움직여서 말입니다. 그 분의 모습이 무척 인상적

이라는 생각을 했습니다. 저도 이런 어른이 되면 괜찮겠다는 롤 모델을
발견한 기분이었어요.

그때를 계기로 저도 문화예술인들을 위한 만권당을 만들자는 의견을
제시하기도 했습니다. 공감하는 사람들이 있었고 실제 활동에 나선 사
람들도 있었어요. 시간과 여력이 있을 때마다 이런 활동을 하는 친구들
을 돕고 있어요. 만권당만이 아니죠. 무언가를 해보려 하는 청년이나 젊
은 친구들이 어려움을 겪고 있을 때, 조심스럽게 도움을 주는 그런 어른
이 될 수 있다면 좋겠군요.

　이 책은 여러 사람과 함께 쓴 것이다. 내가 절반을 썼다면, 절반은 협력의 힘이었다. 시작은 오마이뉴스 시민기자 모임이었다. 평소 글을 마감하는 데 지독한 어려움을 겪던 나는, 출판을 하기 위해서는 여러 사람들이 함께 할 필요가 있겠다고 생각해 무작정 인터넷으로 사람들을 모아 기자모임을 시작했다. 대학생, 직장인 등 다양한 사람들이 모여 기자모임은 진행이 되었고 1년 가까이 다양한 주제에 대한 글을 썼다.

　이 책은 2015년 3월 31부터 4회에 걸쳐 연재된 〈장터를 여는 청년들〉이라는 오마이뉴스 기획기사를 확장하여 만든 것이다. 나는 혼자가 아니라 여럿이서 함께 쓰면 서로의 약점을 보완하며 한 권의 책에 이르는 긴 글을 쓸 수가 있다고 생각했고, 그것이 필요하다고 느꼈다. 그래서 이 책이 나온 사실 만큼이나 내게 중요했던 것은, 이 책이 공동작업으로 만들어졌다는 사실이다. 그리고 나는 이 경험을 보다 발전시키고, 또 보다 많은 사람들과 공유하고 싶다.

　구체적인 이름을 부른다. 김동민은 오랜 집중력과 인내력으로 이 책의 시작부터 끝까지 함께 했다. 그는 실질적인 이 책의 공동저자다. 작년 봄부터 함께 오마이뉴스 시민기자 모임으로 동고동락한 윤지수, 신지원 등 멤버들은 이 책이 시작할 때 결정적인 기여를 했다. 출판이 확정된 이후 문화사회연구소의 양기민은 책의 전체 골격을 잡는 서론을 나와 함께 공동저술했다. 그의 분석이 없었다면, 기사가 책의 콘텐츠로 확장되는 데 어려움을 겪었을 것이다. 부산 지구인시장의 인터뷰 원고를 작성해준 구명주 기자 역시 전문적인 글솜씨로 든든하게 함께 했다. 추천사를 써주신 조한혜정 선생님, 우석훈 선생님, 그리고 인터뷰에 응해준 기획자들 모두에게 깊은 감사드린다.